JN125533

動学マクロ経済学へのいざない

蓮見 亮
Ryo Hasumi

日本評論社

● まえがき

　本書は，2013年ごろより筆者のウェブサイトに掲載していた講義ノートを，日本評論社から出版の提案をいただき，一部加筆修正のうえ単行本として刊行したものです．具体的には金融政策について論じる第7章を新たに書き足しました．本書の内容は，筆者が大学・政府機関などいくつかの場所で行った講義がもとになっています．

　本書の読者は，入門レベルのマクロ経済学の教科書に書かれているような基本的な概念（GDP，インフレ率，生産関数など）を理解しており，かつ高校までに通常教わる数学の知識（連立方程式，関数など）のある学生・社会人を想定しています．今回の出版にあたり改めて書店の経済学書の棚を確認しましたが，近い類書は見当たらず，本書が一定の役割を果たせるのではないかと自負しています．

　従来からある中級レベルのマクロ経済学の教科書では，IS-LM 分析が主としたトピックとなっていますが，IS-LM 分析そのものに対する批判も根強く存在します[1]．IS-LM 分析は，利子率という異時点間の代替に関わる変数を用いるにもかかわらず，静学的（static）なモデルであり，時間の概念が明示的に取り入れられていません[2]．しかし，利子率や物価といったマクロ経済学で重要な概念の理解には，静学的なモデルではなく動学的（dynamic）なモデル

1）実務上も，IS-LM 分析の物価一定の仮定に真っ向反するフィリップス曲線のほうが有用であるように思えます．

を数式により表現することが不可欠です.

　本書では，ソローモデルに始まり，ラムゼイモデル，実物的景気循環モデル
を経てニューケインジアン・モデルに至るまでの一連の動学マクロ経済モデル
の考え方を紹介します．そのためには，やや高度な数学も必要となってきま
す．もっとも，本書で解説するモデルはすべて離散時間モデルであるため，そ
れを連立方程式として解くのにそれほど多くの知識は必要ありません．また，
必要となる数学的なテクニック（指数関数・対数関数，微分，積分，行列な
ど）は，本文中でできるだけ丁寧に説明するように心がけました.

　本書の図表の作成に用いたプログラムとデータおよび補足資料は，下記の
GitHub リポジトリに全てダウンロード可能な形でアップロードしておきます.

　　https://github.com/rhasumi/dynamicmodels/

本書の図表の作成に使用したプログラムは全て無料のソフトウェアを使って簡
単に実行できるので，モデルのイメージを掴むためにご活用ください．また，
本文中の内容も含め疑問点，間違いなどの指摘があれば，下記の筆者のメール
アドレスに遠慮なくご連絡ください.

　　hasumiry@gmail.com

　紙の本はまとまった部数でないと印刷できないため，ニーズがある本であっ
てもしばしば売り切れとなってしまうことがあります．幸い昨今は電子出版が
普及していますので，本書も電子書籍版を用意しています．必要に応じてお求
めください.

　本書のもととなった「講義ノート：動学マクロ経済学入門」にはメールや口
頭で多くの方からコメントや誤りの指摘をいただきました．本書の出版にあた
って，日本経済研究センターの梶田脩斗氏には草稿をチェックし，修正点を指
摘していただきました．皆様にはこの場を借りて感謝の意を表します．もちろ
ん，残る本書の誤りは全て著者の責めに帰します.

　2）モデルとは，一般に，現実をいくつかの側面から解釈し単純化した模型をいいます.
　　本書はマクロ経済の描写を目的としているので，モデルとはより具体的に，現実のマク
　　ロ経済を複数の数式によってシステム（系）として描写したものを意味します.

　日本評論社の吉田素規氏には，本書の出版の機会を提案していただき，また実際の出版にあたってご尽力いただきました．本書は，武蔵大学より研究出版助成を受けております．私事ではありますが，武蔵大学の教員としての1年目に本書を単行本として世に出すことができ，嬉しく思っております．

　2020年1月

蓮見　亮

● 目　次

● 本書で用いる表記法・公式

表記法など

- ● $\simeq$：ほぼ等しい
- ● $\neq$：等しくない
- ● $\geqq$：$a \geqq b$ は $a > b$ または $a = b$ を意味する（$\geq$ と同じ）．
- ● $\leqq$：$a \leqq b$ は $a < b$ または $a = b$ を意味する（$\leq$ と同じ）．
- ● 比例記号 $\propto$：k を 0 でない定数とし，$a = kb$ のとき，特に k に関心がない場合に $a \propto b$ と書く場合がある．
- ● 分数 $\frac{b}{a}$ は b/a とも書く．
- ● ある数 a に掛け算した結果が 1 となる数，すなわち $1/a$ を a の逆数という．a の逆数を a^{-1} とも書く．
- ● ∞：無限大
- ● 離散変数とは $t = 0, 1, 2, ..., 10$ のように飛び飛びの値をとりうる変数のことである．連続変数とは，$0 \leq x \leq 1$ のように飛び飛びではない値をとりうる変数のことである．
- ● 和の記号 $\sum$：数列 a_t の和 $a_1 + a_2 + \cdots + a_n$ を $\sum$ という記号を使って $\sum_{t=1}^{n} a_t$ と表す．特に，a_t の無限の和 $a_1 + a_2 + \cdots + a_n + \cdots$ を $\sum_{t=1}^{\infty} a_t$ と表す．
- ● 積の記号 $\prod$：数列 a_t の積 $a_1 a_2 \cdots a_n$ を $\prod$ という記号を使って $\prod_{t=1}^{n} a_t$ と表す．
- ● 集合：いくつかの"もの"からなる"集まり"を集合と呼ぶ．集合のメンバーを要素と呼ぶ．例えば，1, 2, 3 を要素とする集合 S を

$$S = \{1, 2, 3\}$$

と書く．ある条件を満たす x 全体の集合 S を

$$S = \{x \mid 条件\}$$

と書く．
- ● a が集合 A の要素であるとき，

$$a \in A$$

と書く．
- ● 部分集合：集合 A の要素がすべて集合 B の要素でもあるとき，A は B の部分集合であるといい，

$$A \subset B$$

と書く．例えば $\{1, 2\} \subset \{1, 2, 3\}$ である．

- 2つの集合 A, B から直積という操作によって新しい集合を作ることができる．具体的に A と B の直積を

$$A \times B = \{(a, b) \mid a \in A, b \in B\}$$

と定義する．

- 実数（大雑把にいえば，整数と小数をすべて集めたもの）も集合の一種であり，実数全体の集合を $\mathbb{R}$ という記号で表す．

- 直積 $\mathbb{R} \times \mathbb{R}$ を $\mathbb{R}^2$ と略記する（$\mathbb{R}^n$ も同様）．

- 区間：$\{x \mid a \leq x \leq b\}$ をカギ括弧を用いて $[a, b]$ で表す（正確には閉区間という）．

- 関数：A, B を集合とする．A の任意の要素 a に対して，B のある要素 $f(a)$ を対応させる規則 f のことを関数と呼び，

$$f : A \to B$$

と書く．A を定義域，B を値域と呼ぶ．例えば，f が実数上で定義された実数値関数であるとき，

$$f : \mathbb{R} \to \mathbb{R}$$

と書く．

- 絶対値 $|\cdot|$：a が実数のとき，$a \geq 0$ のとき $|a| = a$，$a < 0$ のとき $|a| = -a$ と定義する．a, b を実数として，虚数単位 $i = \sqrt{-1}$ を用いて表される複素数 $a + bi$ に対して $|a + bi| = \sqrt{a^2 + b^2}$ と定義する．

- 虚数：実数ではない複素数をいう．つまり a が実数，b がゼロでない実数のとき，複素数 $a + bi$ を虚数という．

- 2つの命題 P, Q について，P ならば Q という命題が真であるとき，P は Q の十分条件であるといい，また，Q は P の必要条件であるという．P ならば Q が真で，かつ Q ならば P が真のとき，P は Q の（Q は P の）必要十分条件，または P と Q は同値であるという．

- 2つの命題 P, Q が同値のとき，$\Leftrightarrow$ という記号を用いて $P \Leftrightarrow Q$ と書く場合がある．

- I_n：(n, n) 型の単位行列

- $A^\top$：A の転置行列

- A^{-1}：A の逆行列

- $\mathrm{E}[\,\cdot\,]$：期待値（平均）

- $\mathrm{Var}[\,\cdot\,]$：分散

本書で用いる公式

● 指数法則

$$x^a x^b = x^{a+b} \tag{1}$$

$$(x^a)^b = x^{ab} \tag{2}$$

$$(xy)^a = x^a y^a \tag{3}$$

● 対数法則

$$\ln(xy) = \ln(x) + \ln(y) \tag{4}$$

$$\ln\left(\frac{x}{y}\right) = \ln(x) - \ln(y) \tag{5}$$

$$\ln(x^a) = a\ln(x) \tag{6}$$

● 微分

$$\frac{d}{dx}[f(x) + g(x)] = \frac{df}{dx}(x) + \frac{dg}{dx}(x) \tag{7}$$

$$\frac{d}{dx}(bx^a) = abx^{a-1} \tag{8}$$

$$\frac{d}{dx}\ln(x) = \frac{1}{x} \tag{9}$$

$$\frac{d}{dx}[a\ln(x+b)] = \frac{a}{x+b} \tag{10}$$

● テイラー展開

一次のテイラー展開 $(f : \mathbb{R} \to \mathbb{R})$

$$f(x) \simeq f(a) + f'(a)(x-a) \tag{11}$$

一次のテイラー展開の応用 $(r$ が 0 に近い値のとき$)$

$$\ln(1+r) \simeq r \tag{12}$$

一次のテイラー展開 $(f : \mathbb{R}^n \to \mathbb{R})$

$$f(\boldsymbol{x}) \simeq f(\boldsymbol{a}) + \sum_{i=1}^{n} \frac{\partial f}{\partial x_i}(\boldsymbol{a})(x_i - a_i) \tag{13}$$

ギリシア文字

大文字	小文字	変体文字	英語名称	読み方（一例）
A	α		alpha	アルファ
B	β		beta	ベータ
Γ	γ		gamma	ガンマ
Δ	δ		delta	デルタ
E	ϵ	ε	epsilon	イプシロン
Z	ζ		zeta	ゼータ
H	η		eta	エータ
Θ	θ	ϑ	theta	シータ
I	ι		iota	イオタ
K	κ		kappa	カッパ
Λ	λ		lambda	ラムダ
M	μ		mu	ミュー
N	ν		nu	ニュー
Ξ	ξ		xi	クシー
O	o		omicron	オミクロン
Π	π	ϖ	pi	パイ
P	ρ	ϱ	rho	ロー
Σ	σ	ς	sigma	シグマ
T	τ		tau	タウ
Υ	υ		upsilon	ウプシロン
Φ	ϕ	φ	phi	ファイ
X	χ		chi	カイ
Ψ	ψ		psi	プサイ
Ω	ω		omega	オメガ

序　章　マクロ経済学を学ぶ意義

マクロ経済学の目的，および本書で採用する分析手法

　本論に入る前に，マクロ経済学について筆者なりの見解を述べておこう．マクロ経済学の目的は，端的にいうと，一国経済の状態を判断・予測し，必要な経済政策を提言・実行することにある．経済政策の具体的な目標は，大まかに

　1．GDP（国内総生産）の“最大化”[1]
　2．物価の安定
　3．失業率のコントロール

の3つであり，その具体的な手段は

　A．財政政策，および税制の変更
　B．金融政策

の2つである[2]．つまり，GDP やインフレ率，失業率の状態を的確に判断・予測し，それを可能な範囲で適切に調整する財政政策または金融政策を提言し，（理想的には）それを実行するのがマクロ経済学の目的である．

　1）もちろんこの“最大化”はかなり制約された意味でであり，正確には，様々な制約がある中で GDP をなるべく大きくすることで，国民の経済的福祉を可能な限り豊かにすることが第一の目標になる．
　2）失業率については紙幅の都合で本書の射程外とするが，この分野に強い関心がある読者には Shimer［2010］（文献[8]）を参考文献として挙げておく．

図1　動学的一般均衡モデルの進化

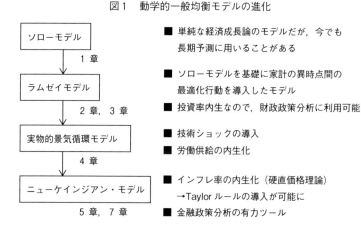

経済の状態の判断・予測，およびそれに合わせた経済政策の提言について，もちろん言葉だけで議論してもよいのだが，数学を用いて記述したモデルを用いて議論することで曖昧さを相当程度排除でき，かつ定性的のみならず定量的な議論も可能になる．したがって，本書のスタイルとして，現実のマクロ経済を複数の数式によってシステムとして描写したマクロ経済モデルを分析のためのツールとして用いることにする．

本書の構成について

以上のような問題意識に基づき，本書の1〜5章には，順に4種類の動学的一般均衡モデルという種類のマクロ経済モデルが登場する．相互の関係とそれぞれの特徴は，図1（動学的一般均衡モデルの進化）のとおりである．基本的には下に行くほど応用的なモデルであり，基礎的な事項から始めて順を追って説明していく．ここまでは，ほぼ単線的に議論が進んでいく．

経済政策のうち，税制の変更については3章，金融政策については5章と7章で触れる．6章では，動学的一般均衡モデルの解き方について，改めて詳しく議論する．8章では，そのモデルの解き方の知識をもとに，5章のニューケインジアン・モデルのもっともらしいパラメータを現実のデータを用いて推定する．このような実証分析に用いられる動学的一般均衡モデルを DSGE モデル（Dynamic Stochastic General Equilibrium Model：動学的・確率的一般均衡

モデル）という．

　途中，スペードマーク♠が付いた節・項があるが，やや難易度が高いので初学者は読み飛ばしてもよい．飛ばしても最後まで通読できるよう配慮した．スペードマーク２つ♠♠の節・項は研究者向きのより応用的なトピックを取り扱っている．

マクロ経済学を学ぶ意義

　それでは，マクロ経済学の目的を踏まえて，このようにマクロ経済学のモデルとその背後にある考え方を学んでいくことに，どのような意義が見出せるだろうか．民間企業のエコノミストや，官公庁の政策企画担当者，あるいはこれを志す人にとっては，マクロ経済学は仕事に直結しており，それを学ぶことで得られた知識は様々な機会に直接役立たせることができる[3]．企業経営者が事業計画を策定する際にも，マクロ経済に関する知見は極めて有用だ．また，可能性として，マクロ経済学を専門としない研究者にとってマクロ経済学独自の考え方が，他の分野にも応用できるといった便益があるのかもしれない[4]．

　ところで，そのようないわば特定業種の人ではなく，一般の学生や社会人にとってマクロ経済学をきちんと学ぶことの最大の利点は何だろうか．そう問われたならば，筆者はあえて，専門家や政治家に騙されなくなることと答えたい．経済学の専門家としてメディアに登場する学者，評論家や経済政策の決定・実行者たる政治家は世の中に多数おり，当然のことながらその全員が経済分析や経済政策の提言・実行に関し優れた資質をもっているわけではない．

　ここで，『解析力学・量子論』というタイトルの本の第1章から，科学を学ぶ目的を論じた一節を引用する[5]．

3）例えば公務員試験でよい点が取れる，などもわかりやすい実益だろう．
4）具体例を挙げれば，一般物価は他の経済学（ミクロ経済学など）にはない概念である．
5）須藤靖［2019］『解析力学・量子論』第2版，東京大学出版会．この本は，解析力学とそれに続く量子力学という難しい分野を扱っているにもかかわらず，（高校で習うような微積分や複素数，行列の知識を除けば）前提知識なしで読み進められるという意味で優れている．拙書を最後まで読み通せるような実力ある読者にとっては，よい知的刺激になると思う．

そこで，科学を学ぶ目的としてあえて以下の「実利的な」側面をあげてみたい．

正しいことと間違っていることを自分で見極める：つまり科学を学ぶことによって科学の知識を習得するというよりも，科学的な方法論や価値観を身につけることの大切さである．人間社会におけるさまざまな判断は，つまるところ「みんながそう言っているから」とか「信頼できる専門家がそう言っているから」のごとく，実はほとんど根拠のないことに基づいてあいまいに行われていることが多い．一方，科学（とりわけ物理学）では，すべてをその基本原理から理解することの重要性を学ぶ．その結果として，正しいことと間違っていることを自分自身で理解するまで納得しないという合理的精神が養われる．したがって，変な人（たとえば，詐欺師や，一部の政治家・官僚・大学教員）にだまされることがなくなる．

人類の近代史を紐解けば，似非科学に泣かされた人よりも，特定のイデオロギーに依拠した経済学に人生を狂わされた人のほうがはるかに多いのではないだろうか[6]．もちろん，引用した文章は，科学（物理学）をきちんと学べば似非科学のみならず他の誤った考え方に振り回されることがなくなるといっているのだが，筆者はマクロ経済学を学ぶことそれ自体にそこまでの効能があるとは思わない[7]．

　しかし，きちんとマクロ経済学を学べば，世の中に多々あふれている真とも偽ともつかないマクロ経済にかかわる言明の妥当性を，各々が自分自身で的確に判断できるようになる．それは，学んだ者本人が誤った考え方によって損失を被ることがなくなるばかりか，世の中が明らかに後に失敗が待っているような誤った方向へ向かうことの抑止力になるという意味で，より多くの人がマクロ経済学を学ぶことのマクロ的な効果は計り知れないと確信している．

6）ここでは，共産主義・社会主義の失敗（例えば1つの象徴として1991年のソ連解体）を念頭においていっている．

7）社会科学という言葉があるとおり，経済学が科学であることは否定しないが，物理学のように再現可能な実験結果を基礎にすることができず，基本原理自体があやふやであることが自然科学との大きな違いである．

第1章 ソローモデルと成長会計

2050年，2100年の世界における日本経済の立ち位置を示してほしい——このような課題が与えられたとき，どのような方法によって分析するのが適当だろうか．長期的な経済成長を見通すには，経済成長は労働と資本の投入量と技術進歩によって実現されるというソローモデルを採用するのが1つのもっともらしいやり方である[1]．ソローモデルは経済成長理論の基礎となるモデルである．後の章で説明するが，より複雑な実物的景気循環モデル（RBCモデル）や動学的・確率的一般均衡モデル（DSGEモデル）もソローモデルの拡張とみなせる．

1.1 ソローモデル

1.1.1 モデルのセットアップ

期初の資本ストック K_t と当期の労働投入 L_t および技術水準 A_t によってその期の一国全体の生産 Y_t が決まる経済を考えよう[2]．具体的に，生産関数は，

1）この章で説明するソローモデルのオリジナルの提唱者は，Robert M. Solow（1987年にノーベル経済学賞受賞）である．

2）マクロ経済学の文脈において，投資，資本という用語は日常言語と異なる意味で使われることに注意．投資とは，一定期間において新たに購入された生産設備をいう．例えば，当期に企業が建設した工場，建物，購入した設備，自動車をイメージすればよい．資本ストック（あるいは単に資本）とは，生産に用いられる実物資産をいう．例えば，企業の保有する工場，建物，設備，自動車などである．資本ストックは，毎期の投資の累積により形成される．また，ここでの生産は国内総生産（一定期間において一国内で生産された財・サービスの付加価値の合計，GDP）と解して差し支えない．

αを資本分配率として

$$Y_t = K_t^{\alpha}(A_t L_t)^{1-\alpha} \tag{1.1}$$

で表されるものとする. 家計は, その期の生産 Y_t を消費と投資に割り振るものとする. 貿易のない閉鎖経済を仮定するので, 投資と貯蓄は常に等しい. 家計の貯蓄率を s とすると, 当期の投資は sY_t であり, 残余である $(1-s)Y_t$ が消費にあてられる. 当期末 (次期初) の資本ストック K_{t+1} は, 資本の減耗率を δ とすると, 期初の資本ストック K_t に当期の投資 sY_t を足して減耗 δK_t を引くことによって求まり, これを数式で表せば,

$$K_{t+1} = (1-\delta)K_t + sY_t \tag{1.2}$$

という資本の遷移式が得られる. (1.1)式と(1.2)式という2本の方程式からなるモデルがいわゆるソローモデルである[3]. 以下では, 簡単化のために A_t と L_t は一定率で成長すると仮定する. すなわち, g を技術進歩率, n を労働の成長率として

$$A_{t+1} = (1+g)A_t \tag{1.3}$$
$$L_{t+1} = (1+n)L_t \tag{1.4}$$

で与えられるものとする. モデルの概念図は, 図1.1に示すとおりである.

　ここで, モデルの内生変数と外生変数, パラメータという概念について説明しておく. 内生変数とは, 数学の用語を用いると連立方程式の未知変数のことである. この場合, モデルの内生変数は Y_t, K_t の2個であり, K_1 が初期値として与えられれば, (1.1)式と(1.2)式を用いることで $\{(Y_t, K_t) \mid t = 1, 2, ...\}$ の値を求めることができる.

　どのような場合でも, モデルの内生変数と方程式の数は等しくなければならない. 外生変数とは, 内生変数の値を求めるためにあらかじめ何らかの値を与えておく必要のある変数のことである. このモデルでは, A_t と L_t の2個が外生変数にあたる. 図1.1を使って説明すると, 他から矢印が伸びている変数が

---

　3) 数学の用語でいえば, このモデルは連立差分方程式 (連立漸化式) にあたる.

図1.1 ソローモデルの概念図

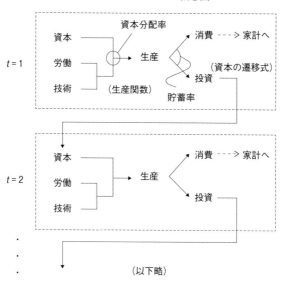

内生変数，どこからも矢印が伸びていない変数が外生変数に相当する[4]．パラメータはモデルの性質を決める変数のことであり，このモデルでは α, s, δ, g, n という5個のパラメータがある．外生変数とパラメータの違いにはあいまいな部分があるが，ここでは時間の添え字 t を付けていない変数をパラメータと呼ぶことにする．

このモデルの解，すなわち内生変数の値は，コンピュータを使えば簡単に求めることができる．パラメータ α, s, δ, g, n および外生変数 $\{(A_t, L_t) \mid t = 1, 2, ...\}$ の値と資本の初期値 K_1 が与えられていれば，(1.1)式と(1.2)式を順に繰り返し用いることにより，内生変数 $\{(Y_t, K_t) \mid t = 1, 2, ...\}$ の値を求めることができる．すなわち，まず K_1 を使って(1.1)式から Y_1 を求め，この Y_1 を使って(1.2)式から K_2 を求めることができる．このような計算を繰り返すことで，任意の $t (\geq 1)$ について (Y_t, K_t) の値を求めることができる（図1.2）．ソロー

4）もし(1.3)式と(1.4)式もモデルの方程式に含めれば，A_t, L_t も内生変数となりモデル方程式と内生変数の数はどちらも4つとなる．

図1.2　ソローモデルの解き方

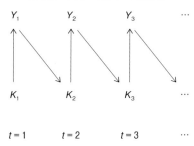

モデルは一見簡単なモデルに見えるが，数学的な手法を駆使することにより，いくつか興味深い示唆を得ることができる．

1.1.2　定常状態

このモデルには，定常状態が唯1つ存在する．定常状態とは，変数がある一定の値のまま時間が経過しても変化しない状態をいう．実は，このモデルでは，どんな初期値 K_1 から出発したとしても，時間が充分経過すると

$$k_t = \frac{K_t}{A_t L_t} \tag{1.5}$$

が変化しない定常状態に到達する[5)]．定常状態における k_t の値（定常値）を k^* とおこう．

定常値 k^* は以下の手順により求めることができる．(1.2)式に(1.1)式を代入して $A_t L_t$ で割ると，

$$
\begin{aligned}
& \frac{K_{t+1}}{A_t L_t} = \frac{(1-\delta)K_t}{A_t L_t} + \frac{sK_t^\alpha (A_t L_t)^{1-\alpha}}{A_t L_t} \\
\Leftrightarrow\ & \frac{(1+g)(1+n)K_{t+1}}{A_{t+1} L_{t+1}} = \frac{(1-\delta)K_t}{A_t L_t} + \frac{sK_t^\alpha (A_t L_t)^{1-\alpha}}{(A_t L_t)^\alpha (A_t L_t)^{1-\alpha}} \\
\Leftrightarrow\ & (1+g)(1+n)k_{t+1} = (1-\delta)k_t + sk_t^\alpha
\end{aligned}
\tag{1.6}
$$

となる．定常状態では k_t の値は k^* から変化しないので，$k_{t+1} = k_t = k^*$ を代

---

5) k_t は効率労働当たり資本と呼ばれる．

入すると，

$$(1+g)(1+n)k^* = (1-\delta)k^* + s(k^*)^\alpha \tag{1.7}$$

であり，k^* について解くと，

$$k^* = \left(\frac{s}{g+n+\delta}\right)^{\frac{1}{1-\alpha}} \tag{1.8}$$

である．ただし，gn は小さいものとして無視した（後述の脚注 6 を参照）．よってパラメータ α, s, δ, g, n が与えられれば，k^* が一意に定まる．例えば，$\alpha = 0.30$，$s = 0.2$，$\delta = 0.1$，$g = 0.02$，$n = -0.01$ とすると $k^* = 2.349$ である．以下，特段の断りのない限り 1.3 節までこのパラメータの値を用いることにする．

次に，k_t の動きについて調べるために，k_t の増加量 $\Delta k_{t+1} = k_{t+1} - k_t$ を求めよう．(1.6)式の一番下の式を整理すると，

$$k_{t+1} = \frac{(1-\delta)k_t}{(1+g)(1+n)} + \frac{sk_t^\alpha}{(1+g)(1+n)} \tag{1.9}$$

となるが，両辺から k_t を引くと，

$$
\begin{aligned}
k_{t+1} - k_t &= \frac{(1-\delta)k_t}{(1+g)(1+n)} + \frac{sk_t^\alpha}{(1+g)(1+n)} - k_t \\
\Leftrightarrow \quad k_{t+1} - k_t &= \frac{\{(1-\delta)-(1+g)(1+n)\}k_t}{(1+g)(1+n)} + \frac{sk_t^\alpha}{(1+g)(1+n)}
\end{aligned}
\tag{1.10}
$$

で，gn が小さいものとして無視すると，

$$k_{t+1} - k_t = \frac{sk_t^\alpha - (g+n+\delta)k_t}{(1+g)(1+n)} \tag{1.11}$$

である[6]．したがって，右辺分子に注目すると，$sk_t^\alpha > (g+n+\delta)k_t$ のとき k_t は増加し，$sk_t^\alpha < (g+n+\delta)k_t$ のとき k_t は減少する．定常状態では $k_{t+1} - k_t = 0$ なので，$sk_t^\alpha = (g+n+\delta)k_t$ のとき $k_t = k^*$ である．

k_t の動きについて図 1.3 を用いて説明する．いま，$k_1 < k^*$ だったとする．

6）例えば上記のように $g = 0.02$，$n = -0.01$ とすると，$gn = -0.0002$ で他の項より 2 桁小さい．

図1.3　$z = sk_t^\alpha$,　$z = (g+n+\delta)k_t$

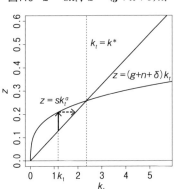

図では具体的に $k_1 = 0.5k^*$ とする．このとき，$sk_1^\alpha > (g+n+\delta)k_1$ なので k_t は増加し，k_2 は図中での縦方向の矢印の大きさを $(1+g)(1+n)$ で割った分だけ k_1 よりも大きくなる．ただし，図中において横方向の点線の矢印の大きさは模式的に示したものであり，実際の k_t の増加量はこれより小さい．以下同様に $k_3, k_4, \ldots$ と増加していくが，増加量 $\Delta k_t = k_t - k_{t-1}$ は徐々に小さくなり，最終的に k^* に到達する[7]．

　横軸に時間 t をとって k_t と Δk_t の推移を示したのが図1.4である．$k_1 = 0.5k^*$ を初期値とすると，80期ほどかけて定常状態に至ることがわかる．右図の Δk_t の推移から明らかなとおり，k_t が定常値 k^* からより離れているほど k^* に近づく速度が速い．逆に，$k_1 = 2k^* > k^*$ だった場合の k_t と Δk_t を横軸に時間 t をとって示すと図1.5のとおりである．$k_1 < k^*$ の場合と対称的な動きをすることがわかる．

　次に，パラメータ，特に貯蓄率が変わった場合に消費と資本ストックがどの

7）(1.9)式の両辺から k^* を引くと

$$k_{t+1} - k^* = \frac{1-\delta}{(1+g)(1+n)}(k_t - k^*) + \frac{sk_t^\alpha - (g+n+\delta)k^*}{(1+g)(1+n)} \tag{1.12}$$

となるが，$k_t > k^*$ の場合，$sk_t^\alpha > s(k^*)^\alpha = (g+n+\delta)k^*$, $sk_t^\alpha < (g+n+\delta)k_t$ より

$$0 < \frac{1-\delta}{(1+g)(1+n)}(k_t - k^*) < k_{t+1} - k^* < k_t - k^* \tag{1.13}$$

である．したがって k_t は下に有界かつ単調減少なので k^* に収束する．$k_t < k^*$ の場合も同様に示せる．

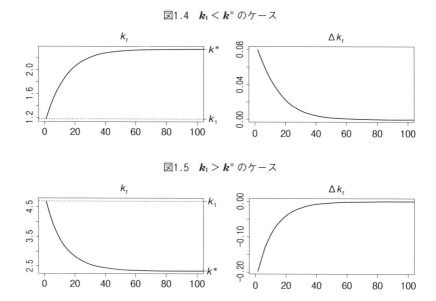

図1.4 $k_1 < k^*$ のケース

図1.5 $k_1 > k^*$ のケース

ように変化するか，定常状態の性質を調べてみよう．それに続いて，モデルの実際のデータへの当てはめを考える．

1.2 数学の準備(1)

具体的な分析に入る前に，指数関数，対数関数と微分について数学的な準備をしておく[8]．ポイントは以下の6点であるが，これらについてすでに充分理解があれば読み飛ばして差し支えないし，約束事として覚えて先に進んでしまってもよい．

- $e = 2.7182\cdots$ を定義する．
- e の x 乗 e^x は一意に決まるので，これを指数関数と呼ぶ．e^x の導関数はそれ自体に等しいという便利な性質がある．
- 底を e とする x の対数 y を $\ln(x)$ と定義する．つまり，e の y 乗が x と

8）関数という用語の意味については，目次のすぐ後の「本書で用いる表記法・公式」を参照．

なるような y を $\ln(x)$ と定義する．$\ln(\cdot)$ を対数関数と呼ぶ．

- 微分とは，ある関数の導関数を求めることをいう．導関数を用いることにより，関数の増減を調べることができる．

- $f(x,y)$ の x による偏微分とは，y を定数だと思って x について微分することである．

- ある点の近くで関数を一次関数によって近似する操作を一次のテイラー展開という．

1.2.1　指数関数，対数関数

指数関数，対数関数の定義の前に，自然対数の底 e を定義しておく．

定義：自然対数の底 e

以下のように極限を用いて定義する．

$$e = \lim_{n \to \infty} \left(1 + \frac{1}{n} \right)^n$$

自然対数の底は，

$$e = 2.71828182845904\cdots$$

という値をとる無理数である．

e の定義を用いて指数関数を定義する．まず，n, m を整数としたとき，以下の公理

$$\begin{aligned} \exp(1) &= e \\ \exp(n+m) &= e^n e^m \end{aligned} \tag{1.14}$$

から一意に定まる関数 $\exp(\cdot)$ を指数関数と定義しておく．ここで，n を整数，m を非負整数としたとき，以下の形式的な計算

$$\left\{ \exp\left(\frac{n}{m}\right) \right\}^m = \left(e^{\frac{n}{m}} \right)^m = \exp\Big(\underbrace{\frac{n}{m} + \frac{n}{m} + ... + \frac{n}{m}}_{m} \Big) = \exp(n) = e^n$$

より $\exp\left(\frac{n}{m}\right) = \sqrt[m]{e^n}$ と書けるので，任意の有理数 $r = n/m$ について $\exp(r)$ が

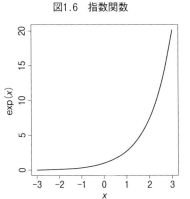

図1.6 指数関数　　　　　　　　　図1.7 対数関数

定義できる[9]．ここで，$\exp(\cdot)$ が連続関数であると仮定すると，任意の実数 x について $\exp(x)$ が定義されるように拡張でき，本書ではこの拡張された指数関数を用いる[10]．

定義：指数関数

　n, m を実数とする．以下の公理から一意に定まる連続関数 $\exp(\cdot)$ を指数関数と呼ぶ．

$$\exp(1) = e$$
$$\exp(n+m) = e^n e^m$$

定義より明らかに $\exp(x) = e^x$ である．

$y = \exp(x)$ を x-y 平面上に示したのが図1.6である．この図からも明らかなように，$\exp(x)$ は単調増加関数で任意の実数 x に対して正の値をとることから，指数関数の逆関数として対数関数が定義できる．

定義：対数関数

　任意の実数 $x > 0$ に対し $x = \exp(y)$ となる唯一の実数 y を x の自然対数

9）整数 n，非負整数 m により n/m と表せる数を有理数という．
10）連続関数とは，大雑把には，グラフ化したときに切れ目のない関数をいう．

といい，$y = \ln(x)$ と書く．$\ln(\cdot)$ を対数関数という．

底を a とする x の対数を $\log_a x$ と表記する場合があるが，この定義に従えば $\ln(x)$ は底を e とする x の対数 $\log_e x$ である．$y = \ln(x)$ を x-y 平面上に示したのが図1.7である．

対数関数について，以下の公式をよく用いる．

$$\ln(xy) = \ln(x) + \ln(y)$$
$$\ln\left(\frac{x}{y}\right) = \ln(x) - \ln(y) \tag{1.15}$$
$$\ln(x^a) = a\ln(x)$$

【例】 自然対数の意味

X 国の $t = 0$ 期の総生産 Y_0 が 100 だったとし，$t = 1$ 期以降毎期 5％成長したものとしよう．横軸を t として Y_t と $\ln(Y_t)$ をそれぞれグラフに描写すると，図1.8，1.9のようになる．すなわち，Y_t の成長率が一定のとき，$\ln(Y_t)$ は t の一次関数となるという便利な性質がある．別の言い方をすると，$\ln(Y_t)$ の差分

$$\Delta\ln(Y_t) = \ln(Y_t) - \ln(Y_{t-1}) \tag{1.16}$$

は，Y_t の成長率が一定のとき一定である．後で説明するように，Y_t の成長率 $\frac{Y_t - Y_{t-1}}{Y_{t-1}}$ は $\Delta\ln(Y_t)$ に近似できる．例えば

$$\Delta\ln(Y_1) = \ln(105) - \ln(100) = 0.0488$$

であり，$\Delta\ln(Y_t)$ は Y_t の成長率0.05にほぼ等しい．

1.2.2　微分

次に，実関数（定義域と値域が実数の関数）について微分の定義を確認しておこう．

定義：微分
関数 $f : \mathbb{R} \to \mathbb{R}$ に対して極限

図1.8 Y_t のグラフ 図1.9 $\ln(Y_t)$ のグラフ

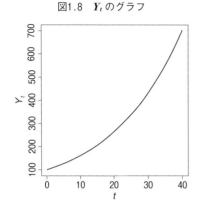 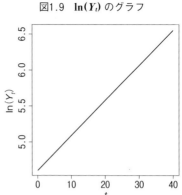

$$\lim_{h \to 0} \frac{f(a+h)-f(a)}{h}$$

が存在するとき f は a で微分可能であるといい，この極限を $f'(a)$ と書き a における f の微分係数と呼ぶ． f' は，関数 f の定義域内の任意の点と微分係数を対応させる関数であり，f の導関数と呼ぶ．

$f(x)$ の導関数を $\frac{df}{dx}(x)$ または $\frac{df}{dx}$ という記号で表すことがある．

【例】導関数の例

関数 $f(x) = ax^\alpha$ の導関数は $f'(x) = \alpha a x^{\alpha-1}$，指数関数 $\exp(x)$ の導関数は $\exp(x)$，対数関数 $\ln(x)$ の導関数は $\frac{1}{x}$ である．

【例】微分の意味

生産関数

$$f(K) = AK^\alpha \tag{1.17}$$

を例に，微分の意味を説明する．技術水準 A と資本分配率 α を定数とし，資本 K によって生産量 $f(K)$ が決まるという式である．この生産関数を K で微分すると

$$\frac{df}{dK} = \alpha A K^{\alpha-1} \tag{1.18}$$

である.

$A = 1$, $\alpha = 0.3$ とすると, (1.17)式と(1.18)式はそれぞれ

$$f(K) = K^{0.3} \tag{1.19}$$
$$\frac{df}{dK} = 0.3K^{-0.7} \tag{1.20}$$

である. (1.19)式を図示すると, 図1.10のようになる.

$f(1) = 1$, $f(2) = 1.23$ なので, K が 1 から 2 に増加するときの平均変化率は,

$$\frac{f(2)-f(1)}{2-1} = 0.23$$

である. 同様に, K が 1 から 1.5 に増加するときの平均変化率は,

$$\frac{f(1.5)-f(1)}{1.5-1} = 0.26$$

であり, K が 1 から 1.1 に増加するときの平均変化率は,

$$\frac{f(1.1)-f(1)}{1.1-1} = 0.29$$

であるが, 生産関数の $K = 1$ での微分係数は0.3であるから, K の増加量を 0 に近づけると, 平均変化率は生産関数を $K = 1$ で微分したときの値に近づく. 図1.11に示すように, 微分係数とは接線の傾きを意味する.

1.2.3 合成関数の微分

$f(x) = \alpha \ln(x+\beta)$ のような関数の x による微分は, どのように考えたらよいだろうか. 微分の定義に戻って導関数を計算することもできるが, 一方で $\frac{d}{dx}\ln(x) = \frac{1}{x}$ という公式もある. このような場合に, 合成関数の微分という方法が利用できる.

> **定理：合成関数の微分（鎖法則）**
> 関数 $f : \mathbb{R} \to \mathbb{R}$, 関数 $g : \mathbb{R} \to \mathbb{R}$ に対し, 関数 $h : \mathbb{R} \to \mathbb{R}$ を $h(x) = g(f(x))$

図1.10 生産関数 $f(K) = AK^\alpha$

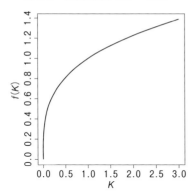

図1.11 微分の意味

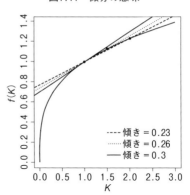

と定義する．このとき，f が a で微分可能かつ g が $f(a)$ で微分可能ならば，h は a で微分可能で $h'(a) = g'(f(a))f'(a)$ である．

証明は神谷・浦井[1996]（文献[13]）が詳しい．

【例】 関数 $\alpha\ln(x+\beta)$ の微分

$f(x) = x+\beta$, $g(x) = \alpha\ln(x)$ とすると，$h(x) = g(f(x)) = \alpha\ln(x+\beta)$ である．したがって，$f'(x) = 1$, $g'(x) = \frac{\alpha}{x}$ なので，$h'(x) = \frac{\alpha}{x+\beta}$ である[11]．

1.2.4 偏微分

微分に続いて，偏微分について説明しておく．偏微分は2章以降で頻繁に用いる．(1.1)式の生産関数のような2変数関数に対して，偏微分という演算が定義できる．

定義：偏微分

関数 $f : \mathbb{R}^2 \to \mathbb{R}$ に対して極限

---

11) $y = x+\beta$ とおくと，$\dfrac{dh}{dx} = \dfrac{dy}{dx}\dfrac{d}{dy}\alpha\ln(y)$ と形式的に書くことができ，このような表記法を使う場合がある．

$$\lim_{h \to 0} \frac{f(a+h, b) - f(a, b)}{h}$$

が存在するとき f は (a, b) で x により偏微分可能であるといい，この極限を (a, b) における f の x についての偏微分係数と呼ぶ．

　簡単化のために 2 変数関数を例に偏微分を定義したが，n 変数関数の場合も同様である．$f(x, y)$ の x による偏微分（偏導関数）を $\frac{\partial f}{\partial x}$，$y$ による偏微分を $\frac{\partial f}{\partial y}$ という記号で表すことがある．$f(x, y)$ の x による偏微分とは，y を定数だと思って x について微分することである．

【例】生産関数の偏微分係数

　生産関数

$$f(K, L) = K^\alpha (AL)^{1-\alpha} \tag{1.21}$$

の偏導関数を求めよう．技術水準 A と資本分配率 α は定数とする．

　f の K による偏微分は，L を定数だと思って微分することであるから，

$$\frac{\partial f}{\partial K} = \alpha K^{\alpha-1}(AL)^{1-\alpha} \tag{1.22}$$

であり，f の L による偏微分は，K を定数だと思って微分することであるから，

$$\frac{\partial f}{\partial L} = (1-\alpha)K^\alpha A^{1-\alpha} L^{-\alpha} \tag{1.23}$$

である．

1.2.5　テイラー展開

　ある点で何回でも微分可能な関数は，以下のような級数展開が可能である．

定理：テイラー展開

　関数 $f : \mathbb{R} \to \mathbb{R}$ が a で何回でも微分可能とする．このとき，

$$f(x) = f(a)+f'(a)(x-a)+\cdots+\frac{f^{(n)}(a)}{n!}(x-a)^n+\cdots \quad (1.24)$$

という級数に展開でき（$f^{(n)}$ は f を n 回微分することによって得られる関数），これを f の a 周りでのテイラー展開と呼ぶ.

　本書でテイラー展開する場合には，二次以上の項（(1.24)式右辺の 3 項目以降）を値が小さいものとして無視する一次のテーラー展開を用いる[12].

一次のテイラー展開

$$f(x) \simeq f(a)+f'(a)(x-a)$$

一次のテイラー展開とは，ある点の近くで関数を一次関数（直線）によって近似する操作といえる.

【例】$\ln(1+r)$ のテイラー展開

　$\ln(1+r)$ の $r=0$ の周りでのテイラー展開は，$\ln(1)=0$, $\frac{d}{dr}\ln(1+r)=\frac{1}{1+r}$ なので，上記の定理に当てはめると

$$\ln(1+r) \simeq r \quad (1.25)$$

である．すなわち，$y=\ln(1+r)$ は $r=0$ の近傍では $y=r$ で近似でき，これを図示したのが図1.12である.
　2 変数関数でも，同様の級数展開が可能である.

一次のテイラー展開（2 変数関数）

　関数 $f(x,y)$ の (a,b) 周りでの一次のテイラー展開は，$\frac{\partial f}{\partial x}=f_x, \frac{\partial f}{\partial y}=f_y$ と書くと，

12）ただし，7 章の補論では二次のテイラー展開を用いる.

図1.12　$\ln(1+r)$ の近似

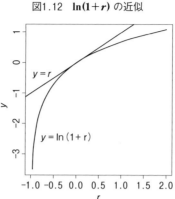

$$f(x, y) \simeq f(a, b) + f_x(a, b)(x-a) + f_y(a, b)(y-b)$$

である.

1.3　貯蓄率と消費の関係：消費の最大化

(1.1)式と(1.2)式からなるソローモデルで，これまで，貯蓄率 s（＝投資率）は定数と考えてきたが，これが $0 < s < 1$ の区間で動いたときに，定常状態がどのように変化するかを考えよう．このモデルでは，すでに説明したとおり，生産 Y_t のうち sY_t が投資にあてられ，$(1-s)Y_t$ が消費にあてられる．ここで，効率労働当たり消費として

$$c_t = \frac{(1-s)Y_t}{A_tL_t} = (1-s)k_t^\alpha \tag{1.26}$$

を定義する．

定常状態における c_t の大きさを c^* としたとき，s と c^* の関係を調べよう．実際の一人当たり消費は C_t/L_t だが，A_t が外生変数なので c_t が最大化されているときには実際の一人当たり消費も最大化されていると考えてよい．

(1.26)式の k_t に k^* を代入し(1.8)式を用いると，c_t の定常値 c^* は，

図1.13　$c^* = f(s)$

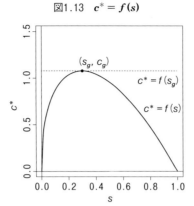

$$c^* = (1-s)(k^*)^{\alpha} = (1-s)\left(\frac{s}{g+n+\delta}\right)^{\frac{\alpha}{1-\alpha}} = \frac{s^{\frac{\alpha}{1-\alpha}} - s^{\frac{1}{1-\alpha}}}{(g+n+\delta)^{\frac{\alpha}{1-\alpha}}} \qquad (1.27)$$

である．右辺は s の関数とみなせるため，以下では(1.27)式を

$$c^* = f(s) \qquad (1.28)$$

と書くことにする．(1.28)式を s-c^* 平面に示すと図1.13のようになる．

c^* が最大になるのは，このグラフ上で接線の傾きがゼロになるときであるから，$f(s)$ の導関数がゼロに等しくなるとき，すなわち

$$f'(s) = \frac{\dfrac{\alpha}{1-\alpha}s^{\frac{-1+2\alpha}{1-\alpha}} - \dfrac{1}{1-\alpha}s^{\frac{\alpha}{1-\alpha}}}{(g+n+\delta)^{\frac{\alpha}{1-\alpha}}} = 0 \qquad (1.29)$$

$$\Leftrightarrow \quad \frac{\alpha}{1-\alpha}s^{\frac{-1+2\alpha}{1-\alpha}} - \frac{1}{1-\alpha}s^{\frac{\alpha}{1-\alpha}} = 0$$

を満たす s が c^* を最大にする[13]．この s を s_g と書くと，

$$s_g = \alpha \qquad (1.30)$$

---

13) 関数の最大化，最小化に関する詳細な議論については，第2章の2.2節を参照．

である[14]. したがって，貯蓄率 s と資本分配率 α が一致しているとき，c^* は最大値 c_g をとる.

このモデルでは貯蓄率 s は外部から与えられるため，c^* が c_g に近づく，あるいは一致するようなメカニズムは働かない. しかし，何らかの理由により貯蓄率 s が変化した場合に，c_t がどのように変化するかを調べることは，モデルの動学的性質を知るためには有用であろう. ここでは，$t=0$ の時点では定常状態にあり，$t=1$ で貯蓄率 s が変化したとして，新たな定常状態に移行するまでの過程を描写する. 貯蓄率 s の変化について，以下の3つのケースを想定しよう.

ケースＡ：　$s<\alpha$ から $s=\alpha$ に変化した場合
ケースＢ：　$s=\alpha$ から $s>\alpha$ に変化した場合
ケースＣ：　$s>\alpha$ から $s=\alpha$ に変化した場合

ケースＡについて，具体的に，$t=1$ で $s=0.2$ から $s=\alpha=0.3$ に変化したとしたとき，横軸に時間 t をとって c_t と k_t を示すと図1.14のようになる. 貯蓄率の上昇により一時的に c_t の水準は下落するが，資本蓄積が進むにつれ c_t は元の水準以上に高まることがわかる. ケースＢについて，具体的に，$t=1$ で $s=\alpha=0.3$ から $s=0.4$ に変化したとしたときには図1.15のようになる. この場合，貯蓄率が c_t を最大にする水準よりも高くなることから，より資本蓄積が進むにせよ，c_t が元の水準 c_0 を超えることはない. ケースＣについて，具体的に，$t=1$ で $s=0.4$ から $s=\alpha=0.3$ に変化したとしたときには図1.16のようになる. この場合には，そもそも資本が過剰に蓄積されていたのを解消していくことになるため，c_t の水準は貯蓄率の下落後，元の水準 c_0 を常に上回る.

議論をまとめると，何らかの政策的手段，例えば貯蓄を奨励するような税制の変更によって貯蓄率 s を変えることが可能であるならば，貯蓄率 s が最適な水準を下回っていた場合には貯蓄率 s を上昇させることにより一時的に c_t は元の水準 c_0 より低くなるが，定常状態に到達すれば c_t は元の水準 c_0 よりも高

14）添え字の g は golden rule（黄金律）の頭文字より.

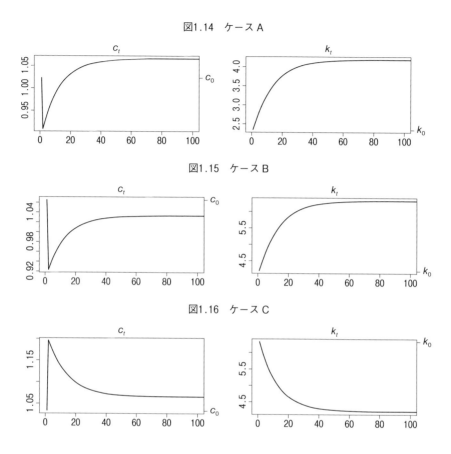

図1.14　ケースA

図1.15　ケースB

図1.16　ケースC

くなる．逆に，貯蓄率 s が最適な水準を上回っていた場合には，貯蓄率 s を下落させることにより以降の期間全体において c_t を元の水準 c_0 より下げることなく上昇させることが可能である．最初から貯蓄率 s が最適な水準に一致しているならば，図1.13からも明らかであるが，貯蓄率 s を上昇させることにより k_t は上昇するが c_t は元の水準より高くなることはない．

　以上がソローモデルの理論的な説明だが，このモデルを現実のデータ当てはめたらどうなるだろうか．モデルの実証分析への応用を考えてみよう．

1.4　実証分析：成長会計と予測

1.4.1　成長率の寄与度分解

　生産関数を用いて GDP 成長率を寄与度分解する方法を成長会計という．ここでは，日本の GDP 成長率を寄与度分解してみよう．Y_t には実質 GDP (2011年基準)，K_t には実質固定資本ストック，L_t には労働力人口を対応させる．現実データの資本ストックは期初の値ではなく期末の値が入っているため，まず，(1.1)式の K_t を K_{t-1} に置き換えて，

$$Y_t = K_{t-1}^{\alpha}(A_t L_t)^{1-\alpha} \tag{1.1'}$$

という生産関数を用いることにする．自然対数をとると，

$$\ln(Y_t) = \alpha\ln(K_{t-1}) + (1-\alpha)[\ln(A_t) + \ln(L_t)] \tag{1.31}$$

である．t を 1 期前にずらすと，

$$\ln(Y_{t-1}) = \alpha\ln(K_{t-2}) + (1-\alpha)[\ln(A_{t-1}) + \ln(L_{t-1})] \tag{1.32}$$

なので，(1.31)式と(1.32)式の辺々の差をとると，

$$\begin{aligned} \ln(Y_t) - \ln(Y_{t-1}) &= \alpha[\ln(K_{t-1}) - \ln(K_{t-2})] + (1-\alpha)[\ln(A_t) - \ln(A_{t-1})] \\ &\quad + (1-\alpha)[\ln(L_t) - \ln(L_{t-1})] \end{aligned} \tag{1.33}$$
$$\Leftrightarrow \quad \Delta\ln(Y_t) = \alpha\Delta\ln(K_{t-1}) + (1-\alpha)\Delta\ln(A_t) + (1-\alpha)\Delta\ln(L_t)$$

と分解できる．$\ln(Y_t)$ の 1 期前との差 $\Delta\ln(Y_t) = \ln(Y_t) - \ln(Y_{t-1})$ は，

$$\begin{aligned} \ln(Y_t) - \ln(Y_{t-1}) &= \ln\left(\frac{Y_t}{Y_{t-1}}\right) = \ln\left(\frac{Y_t - Y_{t-1} + Y_{t-1}}{Y_{t-1}}\right) \\ &= \ln\left(\frac{Y_t - Y_{t-1}}{Y_{t-1}} + 1\right) \simeq \frac{Y_t - Y_{t-1}}{Y_{t-1}} \end{aligned} \tag{1.34}$$

と変形できる．ここで，$\frac{Y_t - Y_{t-1}}{Y_{t-1}}$ は GDP 成長率であり，最後に(1.25)式の近似の公式を用いた．したがって GDP 成長率が，

表1.1　成長会計（単位%）

暦年	GDP平均成長率	資本の寄与度	生産性の寄与度	労働の寄与度
1984-1988	4.79	1.95	2.37	0.47
1989-1993	2.64	2.48	-0.55	0.71
1994-1998	1.34	1.33	-0.26	0.27
1999-2003	0.91	0.70	0.40	-0.19
2004-2008	1.16	0.29	0.85	0.01
2009-2013	0.38	-0.27	0.77	-0.12
2014-2018	0.98	0.16	0.46	0.36

$$\frac{Y_t - Y_{t-1}}{Y_{t-1}} \simeq \alpha\Delta\ln(K_{t-1}) + (1-\alpha)\Delta\ln(A_t) + (1-\alpha)\Delta\ln(L_t) \qquad (1.35)$$

と分解できたことになる．ここで，右辺第1項は資本の寄与度，第2項は生産性の寄与度，第3項は労働の寄与度である．したがって，生産性の寄与度は技術進歩率を$1-\alpha$倍した値に等しい[15]．

　(1.35)式を用いてGDPの5年ごとの平均成長率を寄与度分解した結果が，表1.1である（%表示にするために，100を掛けている）．資本分配率αは，1984年〜2018年の（1 − 雇用者報酬／名目GDP）の平均0.492を用いた．(1.35)式の左辺，右辺第1項，第3項はデータから直接計算できるので，右辺第2項は残差

$$R_t = (1-\alpha)\Delta\ln(A_t) = \Delta\ln(Y_t) - \alpha\Delta\ln(K_{t-1}) - (1-\alpha)\Delta\ln(L_t) \qquad (1.37)$$

として計算できる．R_tはソロー残差と呼ばれる．

　表1.1より，資本の寄与度は長期的に見て低下傾向にあること，労働の寄与度も低下傾向にあり特に2000年代から10年代前半にかけてはマイナスであるこ

---

15)　(1.1)式の生産関数では労働を効率化する技術進歩を仮定しているが，生産関数

$$Y_t = \tilde{A}_t K_t^\alpha L_t^{1-\alpha} \qquad (1.36)$$

のように労働と資本の両方を効率化する技術進歩を仮定した場合，生産性の寄与度は技術進歩率に等しくなる．なお，$\tilde{A} = A^{1-\alpha}$とすると(1.36)式は(1.1)式と全く同じになるため，両者は数学的に同じであると考えてよい．

図1.17　予測結果（Y_tの単位は2011年基準・兆円）

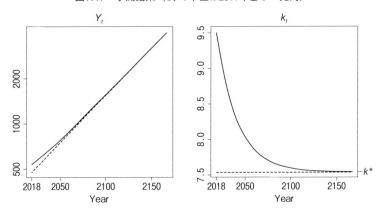

と，生産性の寄与度が90年代に特に低いことなどが指摘できる．なお，ここで生産性の寄与度と呼んでいる部分には，ソロー"残差"ともいわれるとおり資本と労働で説明できない要因が全て含まれてしまっている．特に，左辺には実際のGDPを用いているのに対し，右辺の資本，労働には実際の稼働率，労働時間を考慮しない潜在的な水準を用いているため，景気循環的な要因が生産性の寄与度に含まれている点には注意が必要である．

1.4.2　予測

　ここまでは生産関数のみを用いた分析であったが，（1.2)式も用いてソローモデルによるGDPの将来予測をしてみよう．（1.1)式を(1.1')式に書き換えたのと同じ理由で，（1.2)式を

$$K_t = (1-\delta)K_{t-1}+sY_t \tag{1.2'}$$

と書き換えておく．以下，（1.1')式と(1.2')式を用いて計算を行う．予測期間は，手元にあるのが2018年の実績値であるため，2019年以降とする．パラメータのうち，資本分配率αは前項の値を用い，減耗率δは直近30年の実績から$\delta = 0.068$，投資率sは直近10年の名目投資／名目GDPの平均から$s = 0.230$とおいた．外生変数については，直近10年のg, nの平均$g = 0.0121$（1.21％），

$n = 0.0023$（0.23 %）が今後も変わらないとして，(1.3)式と(1.4)式を用いて
A_t, L_t を先延ばしした．このとき，定常状態では $k^* = 7.545$ である．定常状態
に対応する生産の水準は，

$$Y_t^* = (k^*)^{\alpha} A_t L_t \tag{1.38}$$

である．

　予測結果を図示すると図1.17のようになる．左図の実線は実質 GDP である
Y_t を表し，点線は定常状態に対応する生産水準 Y_t^* を表す（縦軸が対数軸で
あることに注意）．この初期値とパラメータの下では，定常状態に至るまでに
ある程度の期間がかかることがわかる．初期値から定常状態に向かっていく過
程は，トレンドが除去されている右図の k_t の推移からより的確に把握するこ
とができる．

◀1章の補遺▶

　ソローモデルは，連続時間で記述されることが多いが，この章では離散時間で記述した．
微分・偏微分について詳しくは杉浦[1985]（文献[15]）などを参照．定常状態は数学の用語
でいえば不動点である．例えば，高橋[1988]（文献[16]）を参照．

第2章 ラムゼイモデル：最適化行動の導入

　ソローモデルでは，貯蓄率がモデルの外から与えられ，人々がどのような考え
に基づき消費や貯蓄を決めるのか意思決定の介在する余地がなかった．例えるな
らば，大砲の弾を飛ばしたときの軌道を分析するのに似ている．風の影響がない
とするならば，大砲の弾がどこまで飛ぶかは，どの角度にどのような初速で飛ば
したかという初期条件だけで決まる．

　現実の経済が，このような初期条件だけで決まるモデルで十分に描写できてい
るとはいい難い．常に人々は考え，行動する．このような見方をモデルに取り入
れられないだろうか．これを例えるならば，どのように飛行機を飛ばすかという
問題に近い．大砲の弾は一度飛ばすとコントロールできないが，飛行機は飛ばし
続けるには常に操縦し続けなければならない．もっといえば，単に操縦し続ける
だけでなく，最も効率的に飛ばすことができるよう制御することが望ましい．こ
こから，最適化という考え方が導き出せる．

　人々が考え，行動するマクロ経済モデルを考える場合に，人々は何を目的とし
て最適な行動をとるとするべきだろうか．ここで，経済学では効用関数という概
念を導入する．効用とは，人々が財・サービスを消費することによって得る満足
の水準を意味する．効用関数とは，消費の水準がどの程度の満足の水準に対応す
るかを関係付ける式である．この章では，人々が効用関数の最大化を目的として
最適な行動をとるという側面をモデルに導入する．

2.1　効用関数

　効用関数とは，人々の満足の水準を表す関数のことである．経済学では，
人々はある予算制約の下で効用関数を最大化するように行動すると仮定するこ

図2.1　実現可能な (a, b) の集合　　　図2.2　曲線 $U(a, b) = 4$

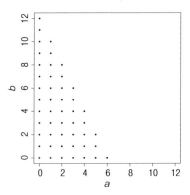
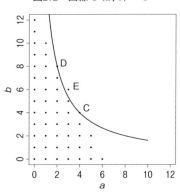

とが多い．

　まず，効用関数の定義域が離散変数のケースを考えよう．いま，A という財とB という財（例えば，A はりんご，B はみかんと読み替えてよい）があるとし，効用関数 U を

$$U(a, b) = \sqrt{ab} \qquad (2.1)$$

と仮定する[1]．a は A 財の消費量，b は B 財の消費量で，いずれも整数であるものとする．A 財の価格は100円，B 財の価格は50円とし，予算は600円あるとしよう．効用関数 U を最大とする (a, b) のペアはどのように求められるだろうか．

　予算制約は，

$$100a + 50b \le 600 \qquad (2.2)$$

と書ける．購入可能な，つまり実現可能な (a, b) の集合を a-b 平面上に表せば，図2.1のとおりである．

　もし，$(4, 4)$ を表す点（図2.2でのC）を選択したとしよう．このときの効用は $U(4, 4) = 4$ であるので，$U(a, b) = 4$ を a-b 平面上に示すと，図2.2の曲線

1）効用関数は，通常，凹関数（定義は後述）とする．

のようになる．この曲線は $(2,8)$ を表す点（図中での D）を通ることから，この点でも同じ効用水準，つまり $U(2,8)=4$ が実現できることがわかる．ただ，この曲線よりも右上に実現可能な点がもう 1 つだけある（図中での E）．この点が予算制約を満たす中で最大の効用を実現する (a,b) のペアである．実際，点 E では $U(3,6)=\sqrt{18}>4$ である．

　では，実現可能な (a,b) が離散変数ではなく連続変数の場合，つまり整数だけでなく半端な個数であっても購入することができる場合には，どのようにして最大の効用を実現するペアを見つけたらよいだろうか．この場合は，実現可能なペアが無数に存在するため，上記のような方法は用いることができないが，効用関数が微分可能であれば，偏微分を活用して最大の効用を実現する点をうまく見つけ出すことができる．

2.2　数学の準備(2)：関数の最大化，最小化

　制約条件付きの最適化問題の解き方に行く前に，まず，制約条件なしの最適化問題の解き方について説明しておこう．

2.2.1　制約条件なしの最適化問題

制約条件なしの最適化問題は，

$$\max_{x} f(x)$$

あるいは，

$$\min_{x} f(x)$$

と記述する．max は maximize（最大化する），min は minimize（最小化する）の略である．すなわち，最適化問題とは，ある関数がどこで最大値もしくは最小値をとるかを求める問題である．以下，関数 $f:\mathbb{R}\to\mathbb{R}$ は微分可能であるとする．

　微分可能な 1 変数関数 $f(x)$ が $x=x^*$ で局所的な最大値または最小値をとるための必要条件は，

$$\frac{df}{dx}(x^*) = 0 \tag{2.3}$$

である．これを最適化の一階の条件ともいう．

　f が多変数関数 $\mathbb{R}^n \to \mathbb{R}$ ならば，最適化の一階の条件は以下のように示せる[2]．

最適化の一階の条件

　関数 $f(x_1, x_2, ..., x_n) : \mathbb{R}^n \to \mathbb{R}$ が偏微分可能であるとする．$f(\boldsymbol{x})$ が $\boldsymbol{x} = \boldsymbol{x}^*$ で局所的な最大値または最小値をとるための必要条件は，全ての $i = 1, 2, ..., n$ について

$$\frac{\partial f}{\partial x_i}(\boldsymbol{x}^*) = 0$$

である．

---

　f が凹関数のとき，最大化の必要十分条件が存在し，f が凸関数のとき，最小化の必要十分条件が存在する．

定義：凹関数，凸関数

　関数 $f : \mathbb{R}^n \to \mathbb{R}$ が任意の $\boldsymbol{a}, \boldsymbol{b} \in \mathbb{R}^n$, $0 \le t \le 1$ に対し

$$tf(\boldsymbol{a}) + (1-t)f(\boldsymbol{b}) \le f(t\boldsymbol{a} + (1-t)\boldsymbol{b})$$

を満たすとき，f を凹関数という．

　関数 $f : \mathbb{R}^n \to \mathbb{R}$ が任意の $\boldsymbol{a}, \boldsymbol{b} \in \mathbb{R}^n$, $0 \le t \le 1$ に対し

$$tf(\boldsymbol{a}) + (1-t)f(\boldsymbol{b}) \ge f(t\boldsymbol{a} + (1-t)\boldsymbol{b})$$

を満たすとき，f を凸関数という．

2）この章では，以下のようなベクトル記法を採用する．
- ベクトル：$\mathbb{R}^n$ の要素 $(a_1, a_2, ..., a_n)$ をベクトルと呼び，太字で $\boldsymbol{a}$ と表す．
- ベクトルの等号，和：例えば $n = 2$ とすると，$\boldsymbol{a} = \boldsymbol{b}$ は $a_1 = b_1$ かつ $a_2 = b_2$ と約束する．また，$\boldsymbol{a} + \boldsymbol{b} = (a_1 + b_1, a_2 + b_2)$ と約束する．
- ベクトルのスカラー倍：c を実数としたとき $c\boldsymbol{a} = (ca_1, ca_2, ..., ca_n)$ と約束する．

図2.3 $y = \sqrt{x}$

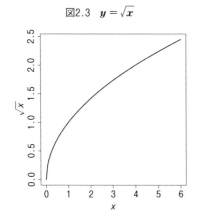

図2.4 $y = x^2$

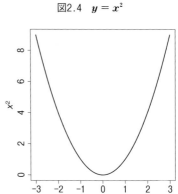

例えば，$\sqrt{x}$ は凹関数であり，x^2 は凸関数である（図2.3，図2.4）.

最大化（最小化）の必要十分条件を示すには，以下の補助定理を利用する.
簡単化のために f を1変数関数とする.

補助定理

凹関数 $f : \mathbb{R} \to \mathbb{R}$ が微分可能であるならば，任意の $a \in \mathbb{R}$, $0 \leq t \leq 1$ に対し

$$f(x) - f(a) \leq \frac{df}{dx}(a)(x - a)$$

が成り立つ.

テイラー展開の応用例でもあるため，証明を与えておく.

［証明］（少しラフなもの）

f は凹関数なので，任意の $0 \leq t \leq 1$ に対し

$$tf(x) + (1-t)f(a) \leq f(tx + (1-t)a)$$
$$\Leftrightarrow \quad tf(x) + (1-t)f(a) \leq f(a + t(x-a))$$
$$\Leftrightarrow \quad f(x) - f(a) \leq \frac{f(tx + (1-t)a) - f(a)}{t} \quad (t \neq 0)$$

ところで，$f(y)$ の $y = b$ 周りでのテイラー展開

$$f(y) = f(b) + f'(b)(y-b) + \frac{f''(b)}{2!}(y-b)^2 + \cdots$$

に $y = a + t(x-a)$, $b = a$ を代入し，$f(a)$ を引いて $t\,(\neq 0)$ で割ると，

$$\frac{f(tx+(1-t)a) - f(a)}{t} = \frac{f'(a)t(x-a) + \frac{f''(a)}{2!}t^2(x-a)^2 + \cdots}{t}$$

$$= f'(a)(x-a) + \frac{f''(a)}{2!}t(x-a)^2 + \cdots \to f'(a)(x-a) \quad (t \to 0)$$

したがって，

$$f(x) - f(a) \leq f'(a)(x-a)$$

が成り立つ． □

上記の補助定理から，凹関数の最大化の必要十分条件が導ける．

定理：関数の最大化の必要十分条件

凹関数 $f : \mathbb{R} \to \mathbb{R}$ が x^* で微分可能であるとする．

$$\frac{df}{dx}(x^*) = 0$$

ならば f は x^* で最大値をとる．

[証明]

f は凹関数なので，補助定理より，任意の $a \in \mathbb{R}$, $0 \leq t \leq 1$ に対し

$$f(x) - f(a) \leq \frac{df}{dx}(a)(x-a)$$

が成り立つ．ここで，$a = x^*$ とすると，

$$f(x) - f(x^*) \leq \frac{df}{dx}(x^*)(x-x^*) = 0$$

すなわち，

$$f(x) \leq f(x^*)$$

が成り立つ. □

凸関数については，以下の定理が成り立つ.

定理：関数の最小化の必要十分条件

凸関数 $f : \mathbb{R} \to \mathbb{R}$ が x^* で微分可能であるとする.

$$\frac{df}{dx}(x^*) = 0$$

ならば f は x^* で最小値をとる.

証明は，凹関数の場合の不等号を逆にしていくだけである.

同様にして，f が 2 変数以上の関数である場合にも以下が成り立つ.

定理：関数の最大化（最小化）の必要十分条件

凹（凸）関数 $f(x_1, x_2, ..., x_n) : \mathbb{R}^n \to \mathbb{R}$ が $\boldsymbol{x}^* = (x_1^*, x_2^*, ..., x_n^*)$ で偏微分可能であるとする. 全ての $i = 1, 2, ..., n$ について

$$\frac{\partial f}{\partial x_i}(\boldsymbol{x}^*) = 0$$

ならば f は $\boldsymbol{x}^*$ で最大値（最小値）をとる.

2.2.2 関数の最大化の例：企業の利潤最大化問題

資本 K と労働 L を投入することにより生産を行う企業を考えよう. その生産関数を

$$Y = AK^{\alpha}L^{1-\alpha} \tag{2.4}$$

とする（コブ・ダグラス型生産関数）. Y は生産量，A は技術水準，α は資本分配率である. 資本のレンタルプライス（実質利子率）r と賃金 w は固定されているものとする. このとき，企業の利潤は，

$$\Pi = Y - (rK + wL) = AK^{\alpha}L^{1-\alpha} - (rK + wL) \tag{2.5}$$

と定義できる．したがって，利潤最大化の一階条件は，

$$\frac{\partial \Pi}{\partial K} = 0 \quad \Leftrightarrow \quad \alpha A\left(\frac{K}{L}\right)^{\alpha-1} - r = 0 \tag{2.6}$$

$$\frac{\partial \Pi}{\partial L} = 0 \quad \Leftrightarrow \quad (1-\alpha)A\left(\frac{K}{L}\right)^{\alpha} - w = 0 \tag{2.7}$$

であり，左辺はいずれも資本装備率 K/L の関数になる[3)]．あるいは，利潤最大化の一階条件は，

$$\frac{\partial Y}{\partial K} = r \tag{2.8}$$

$$\frac{\partial Y}{\partial L} = w \tag{2.9}$$

と書くこともできる．この結果は後で利用する．

2.3　数学の準備(3)：関数の制約条件付き最適化

次に，制約条件付きの最適化問題の解き方について説明する．

2.3.1　ラグランジュの未定乗数法

制約条件付きの最適化問題は，一般に

$$\max_{x} f(\boldsymbol{x})$$
$$\text{s.t. } g(\boldsymbol{x}) = 0$$

あるいは，

$$\min_{x} f(\boldsymbol{x})$$
$$\text{s.t. } g(\boldsymbol{x}) = 0$$

と記述する（$f, g : \mathbb{R}^n \to \mathbb{R}$）．s.t. は subject to の略で，$g(\boldsymbol{x}) = 0$ が制約条件である．ここでは，まず条件の数は1個としておく．

このような問題に対して，実用上，ラグランジュの未定乗数法がよく用いられる．

3）(2.6)式が $\alpha = rK/Y$ と変形できることから，パラメータ α は資本分配率と呼ばれる．

ラグランジュの未定乗数法

上記のような制約条件付きの最適化問題を考える．以下のような関数 $L : \mathbb{R}^{n+1} \rightarrow \mathbb{R}$ を定義する．

$$L(\boldsymbol{x}, \lambda) = f(\boldsymbol{x}) + \lambda g(\boldsymbol{x})$$

関数 $f(\boldsymbol{x})$ が制約条件の下で $\boldsymbol{x} = \boldsymbol{x}^*$ で局所的な最大値または最小値をとるための必要条件は，全ての $i = 1, 2, ..., n$ について

$$\frac{\partial L}{\partial x_i}(\boldsymbol{x}^*, \lambda) = 0$$

かつ

$$g(\boldsymbol{x}^*) = 0$$

である．

n 個の一階の条件と 1 個の制約条件からなる $n+1$ 本の連立方程式を $n+1$ 個の未知変数 $\boldsymbol{x}^*$ と λ（ラグランジュ乗数と呼ぶ）について解くことによって解が求まる．$\frac{\partial L}{\partial \lambda}(\boldsymbol{x}, \lambda) = g(\boldsymbol{x})$ なので，結局以下のような計算をすればよいことがわかる．

Step 1. $L(\boldsymbol{x}, \lambda)$ を定義する（ラグランジアンと呼ぶ）．

Step 2. L を $\boldsymbol{x}$ と λ で偏微分し，それぞれゼロと等号で結ぶ．

Step 3. $n+1$ 本の連立方程式を解く．

条件が複数ある場合にも，ほとんど同じ方法で解を求めることができる．

ラグランジュの未定乗数法（複数の制約条件の場合）

以下のような制約条件付きの最適化問題を考える．

$$\max_{x} f(\boldsymbol{x})$$
$$\text{s.t. } g_j(\boldsymbol{x}) = 0, \quad j = 1, 2, ..., J$$

以下のような関数 $L : \mathbb{R}^{n+J} \rightarrow \mathbb{R}$ を定義する（$\boldsymbol{\lambda} = (\lambda_1, \lambda_2, ..., \lambda_J)$ とする）．

$$L(\boldsymbol{x}, \boldsymbol{\lambda}) = f(\boldsymbol{x}) + \sum_{j=1}^{J} \lambda_j g_j(\boldsymbol{x})$$

関数 $f(\boldsymbol{x})$ が制約条件の下で $\boldsymbol{x} = \boldsymbol{x}^*$ で局所的な最大値をとるための必要条件は，全ての $i = 1, 2, ..., n$ について

$$\frac{\partial L}{\partial x_i}(\boldsymbol{x}^*, \lambda) = 0$$

かつ全ての $j = 1, 2, ..., J$ について

$$g_j(\boldsymbol{x}^*) = 0$$

である．

この場合には，$n+J$ 本の連立方程式を $n+J$ 個の未知変数 $\boldsymbol{x}^*$ と λ について解くことによって解が求まる．

　もちろん，ラグランジュの未定乗数法は制約条件付きの最適化問題の局所的な最適解を求める方法であって，その点で実際に関数 f が最大値または最小値をとるかどうかは保証しない．しかし，本書に出てくる最適化問題では全て，ラグランジュの未定乗数法によって求まる解は大局的な最適解と一致する．

2.3.2　制約条件付き最適化の例 1：効用最大化問題

　ではさっそく，実現可能な組み合わせが連続変数である場合の制約条件付きの最適化問題の例題を解いてみよう．A という財と B という財があるとし，前の例とは少し変えて効用関数 U を

$$U(a, b) = \ln(a) + \ln(b) \tag{2.10}$$

とする．a は A 財の消費量，b は B 財の消費量で，ゼロ以上の実数であるものとする．A 財の価格は100円，B 財の価格は80円とし，予算は1,000円であるとしよう．効用関数 U を最大にする (a, b) のペアをラグランジュの未定乗数法により求めよう．

　予算制約は，

図2.5 効用関数と予算制約

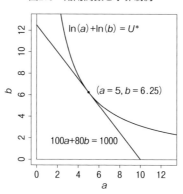

$$100a + 80b = 1000 \tag{2.11}$$

と書ける．厳密には，左辺が右辺と同じかより小さいことが制約条件だが，予算を使い切ったほうがより大きな効用が実現するため，今後は予算制約を不等式ではなく等式で書くことにする．

　まずは，ラグランジアンを定義しよう．コントロールする変数は a, b の2個，制約条件は1個で，これを $1000 - 100a - 80b = 0$ と書き換えておくと，

$$L(a, b, \lambda) = \ln(a) + \ln(b) + \lambda(1000 - 100a - 80b) \tag{2.12}$$

である（Step 1）．

　次に，L を a, b, λ で偏微分し，それぞれゼロと等号で結ぶ（Step 2）．

$$\frac{\partial L}{\partial a} = 0 \quad \Leftrightarrow \quad \frac{1}{a} - 100\lambda = 0 \tag{2.13}$$

$$\frac{\partial L}{\partial b} = 0 \quad \Leftrightarrow \quad \frac{1}{b} - 80\lambda = 0 \tag{2.14}$$

$$\frac{\partial L}{\partial \lambda} = 0 \quad \Leftrightarrow \quad 1000 - 100a - 80b = 0 \tag{2.15}$$

最後に，この3本の連立方程式を a, b, λ について解けばよい（Step 3）．3個の未知変数に対して同じ数の方程式があり，解は唯1つ求まる．すなわち，

$$a = 5, \quad b = \frac{25}{4}, \quad \lambda = \frac{1}{500} \tag{2.16}$$

が連立方程式の解であり，このとき効用関数が最大値 $U^*\,(=3.442)$ をとる．このとき，図2.5に示すように，a-b 平面では効用関数を表す曲線と予算制約を表す直線は接する．

2.3.3　制約条件付き最適化の例2：異時点間の効用最大化問題

　制約条件付き最適化のもう1つの例として，異時点間の効用最大化問題を考えてみよう．ある家計が資産 A を有しており，これを効用関数を最大化するように第1期の消費と第2期の消費に配分するとする．資産のうち，第1期に消費しなかった分は貯蓄でき，r の利回りが得られるものとしよう．効用関数は，割引因子 β を定数とし，

$$U(C_1, C_2) = \ln(C_1) + \beta\ln(C_2) \tag{2.17}$$

と仮定する．一般に，家計は将来の消費によって実現する効用を割り引いて考えるため，割引因子 β は $0 < \beta < 1$ の区間の中のいずれかの値でなければならない．実際上，$1/\beta - 1$ が割引率（利子率と同類のものと考えてよい）にあたるため，β は1より少し小さい値とすることが多い．予算制約は，第1期に消費しなかった $A - C_1$ に r の利子が付いた $(1+r)(A-C_1)$ が第2期の消費となるので，

$$(1+r)(A-C_1) = C_2 \tag{2.18}$$

である．
　したがって，この効用最大化問題は，

$$\begin{aligned} \max_{C_1, C_2} \ & U(C_1, C_2) = \ln(C_1) + \beta\ln(C_2) \\ \text{s.t. } & (1+r)(A-C_1) - C_2 = 0 \end{aligned} \tag{2.19}$$

と定式化できる．ラグランジアンは，

$$L(C_1, C_2, \lambda) = \ln(C_1) + \beta\ln(C_2) + \lambda[(1+r)(A-C_1) - C_2] \tag{2.20}$$

と定義できる（Step 1）．次に，L を C_1, C_2, λ で偏微分し，それぞれゼロと等号で結ぶ（Step 2）．

$$\frac{\partial L}{\partial C_1} = 0 \quad \Leftrightarrow \quad \frac{1}{C_1} - (1+r)\lambda = 0 \tag{2.21}$$

$$\frac{\partial L}{\partial C_2} = 0 \quad \Leftrightarrow \quad \frac{\beta}{C_2} - \lambda = 0 \tag{2.22}$$

$$\frac{\partial L}{\partial \lambda} = 0 \quad \Leftrightarrow \quad (1+r)(A - C_1) - C_2 = 0 \tag{2.23}$$

最後に，この3本の連立方程式を C_1, C_2, λ について解いた（Step 3）．

$$C_1 = \frac{A}{1+\beta} \tag{2.24}$$

$$C_2 = \frac{\beta(1+r)A}{1+\beta} \tag{2.25}$$

$$\lambda = \frac{1+\beta}{(1+r)A} \tag{2.26}$$

がこの最適化問題の解である．

2.4 ラムゼイモデル

2.4.1 モデルのセットアップ

　本章の冒頭でも述べたとおり，ソローモデルは，人々がどのような考えに基づき消費や貯蓄を決めるのか，意思決定の介在する余地のないモデルであった．ソローモデルの基本的な考え方を継承しつつ，モデルに効用関数と予算制約を導入し，制約条件付き最適化問題として拡張したのがラムゼイモデルである[4]．ラムゼイモデルは，家計の異時点間の効用最大化問題と，企業の各時点における利潤最大化問題を組み合わせたモデルである．

　市場には J 個の家計がいて，どんなに時間が経っても市場から退出することはないとする．家計 j は，以下のような生涯効用関数をもつものとしよう[5]．

4）ラムゼイは20世紀初頭のイギリスの数学者である．

$$U_t^{(j)} = \sum_{i=0}^{\infty} \beta^i \ln(C_{t+i}^{(j)}) \tag{2.27}$$

家計 j は t 期初に資本ストック $K_t^{(j)}$ を有し，それを企業に r_t というレンタルプライス（実質利子率）で貸し出すものとする．また，家計は一定の労働を供給することで賃金 $w_t^{(j)}$ を得るものとする．その所得のうちから，家計 j は消費 $C_t^{(j)}$ を行い，残りは投資するものとする．資本の減耗率を δ とすると，t 期の予算制約は，

$$K_{t+1}^{(j)} = r_t K_t^{(j)} + w_t^{(j)} - C_t^{(j)} + (1-\delta) K_t^{(j)} \tag{2.28}$$

となる．$r_t K_t^{(j)} + w_t^{(j)} - C_t^{(j)}$ が当期の所得から消費を差し引いた分，すなわち投資であり，そこに $(1-\delta) K_t^{(j)}$ という期初の資本のうち減耗せず来期まで残る分を足したものが来期の資本 $K_{t+1}^{(j)}$ になるという意味である．

　ここで，代表的家計という概念を用いる．すなわち，市場には多くの家計がいるが，その選好や能力は全く同一であるとすると，全ての家計は同じ行動をとることになるため，添え字の (j) は考えなくともよくなる[6]．代表的家計の効用最大化問題は，

$$\begin{aligned} \max_{\mathbf{C}} \ U_t &= \sum_{i=0}^{\infty} \beta^i \ln(C_{t+i}) \\ \text{s.t. } K_{i+1} &= r_i K_i + w_i - C_i + (1-\delta) K_i, \quad i \geq t \end{aligned} \tag{2.29}$$

として定式化できる[7]．資本の初期値 K_t は所与とする．ラグランジアンは，

$$\Lambda = \sum_{i=t}^{\infty} \beta^{i-t} \ln(C_i) + \sum_{i=t}^{\infty} \lambda_i' \{ r_i K_i + w_i - C_i + (1-\delta) K_i - K_{i+1} \} \tag{2.30}$$

とおけるが，$\lambda_i' = \beta^{i-t} \lambda_i$ という置き換えをすると，

5）家計が無限期間生き続けるという仮定はやや不自然に感じるかもしれない．本書では取り上げないが，世代重複モデルという種類のモデルでは，特定の世代の家計は一定期間のみ市場に存在し，時間が経過するごとに入れ替わっていくという仮定をおく．

6）この議論が成り立つための前提として，効用関数は相対的危険回避度一定型である必要がある．(2.27)式の効用関数は，相対的危険回避度一定型である．この場合，添え字 (j) を考えながら式展開をし，最後にマクロの消費 $C_t = \sum_{j=1}^{J} C_t^{(j)}$ を求めても，最初から $C_t^{(j)}$ を C_t に置き換えてあたかも1つの家計のみが存在するとして式展開しても（これを代表的家計という），全く同じ結果が得られる．

7）$\mathbf{C} = \{C_{t+i}\}_{i=0}^{\infty}$，つまり $\mathbf{C} = \{C_t, C_{t+1}, C_{t+2}, ...\}$ である．

$$\Lambda = \sum_{i=t}^{\infty} \beta^{i-t} \left[\ln(C_i) + \lambda_i \{ r_i K_i + w_i - C_i + (1-\delta)K_i - K_{i+1} \} \right] \qquad (2.31)$$

となる．家計が直接的にコントロールできる C_t，および C_t を通じて間接的にコントロールできる K_{t+1} で偏微分してゼロと等号で結ぶと，

$$\frac{1}{C_t} - \lambda_t = 0 \qquad (2.32)$$

$$\beta(r_{t+1} - \delta + 1)\lambda_{t+1} - \lambda_t = 0 \qquad (2.33)$$

が一階の条件として得られる．一般に，$C_i, K_{i+1}, i > t$ で偏微分してゼロと等号で結ぶと，

$$\frac{1}{C_i} - \lambda_i = 0 \qquad (2.34)$$

$$\beta(r_{i+1} - \delta + 1)\lambda_{i+1} - \lambda_i = 0 \qquad (2.35)$$

となるため，(2.32)式，(2.33)式は全ての t について成り立つ（本章の補論に補足がある）．

市場には多数の企業が存在し，企業 k の生産関数を

$$Y_t^{(k)} = A_t (K_t^{(k)})^{\alpha} (L_t^{(k)})^{1-\alpha} \qquad (2.36)$$

とする．ここで，家計と同様，代表的企業という概念を用いる．すなわち，市場には多くの企業が存在するが，その生産関数が全く同一であるとすると，全ての企業は同じ行動をとる．さらに，規模に関して収穫一定の生産関数を仮定しているため，添え字の (k) は考えなくともよくなる[8]．代表的企業の利潤最大化の一階の条件は，(2.6)式と(2.7)式より，

$$\alpha A_t \left(\frac{K_t}{L_t} \right)^{\alpha-1} - r_t = 0 \qquad (2.37)$$

$$(1-\alpha) A_t \left(\frac{K_t}{L_t} \right)^{\alpha} - w_t = 0 \qquad (2.38)$$

---

[8] 規模に関して収穫一定とは，ある生産関数においてすべての生産要素を a 倍したとき，生産量が a 倍になることをいう．この場合，生産関数(2.36)式の右辺の $K_t^{(k)}$ と $L_t^{(k)}$ を a 倍すれば $Y_t^{(k)}$ が a 倍になる．添え字の (k) を考えなくてよいことは，利潤最大化の一階の条件(2.6)式，(2.7)式が資本装備率 K/L の関数となることからも確かめられる．

であり，これが成り立つように $K_t/L_t, r_t, w_t$ が調整される．家計により供給される労働 L_t が1であるとすると，上記はそれぞれ，

$$r_t = \alpha A_t K_t^{\alpha-1} \qquad (2.39)$$

$$w_t = (1-\alpha) A_t K_t^{\alpha} \qquad (2.40)$$

と書き直される．

市場全体の資本ストックの増分は，生産から消費と減耗を差し引いた分に等しいので，

$$\Delta K_{t+1} = K_{t+1} - K_t = Y_t - C_t - \delta K_t = A_t K_t^{\alpha} - C_t - \delta K_t \qquad (2.41)$$

である．

このラムゼイモデルの主要な部分は，オイラー方程式と資本の遷移式という2本の方程式からなる[9]．まず，(2.32)式と(2.33)式から λ_t を消去して(2.39)式を用いることより，オイラー方程式

$$\frac{C_{t+1}}{C_t} = \beta(\alpha A_{t+1} K_{t+1}^{\alpha-1} - \delta + 1) \qquad (2.42)$$

が得られる．次に，(2.41)式から資本の遷移式

$$K_{t+1} = A_t K_t^{\alpha} + (1-\delta) K_t - C_t \qquad (2.43)$$

が得られる[10]．

補足

念のため，t 期における生産 Y_t と家計の所得 $r_t K_t + w_t$ が等しいことを確認

9）オイラーは18世紀の数学者・物理学者である．ラグランジュも同時代の数学者・物理学者である．

10）代表的家計，代表的企業の仮定を持ち出さなくとも，

$$\max_{C} U_t = \sum_{i=0}^{\infty} \beta^i \ln(C_{t+i})$$
$$\text{s.t. } K_{t+1} = A_t K_t^{\alpha} - C_t + (1-\delta) K_t, \quad i \geq t \qquad (2.44)$$

という最適化問題から，同じオイラー方程式を導出することができる（最適成長モデル）．

図2.6 $\Delta C_t = 0$ と $\Delta K_t = 0$

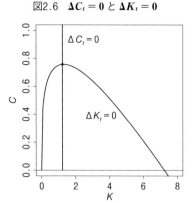

しておこう．(2.39)式，(2.40)式を用いると，

$$r_t K_t + w_t = (\alpha A_t K_t^{\alpha-1}) K_t + (1-\alpha) A_t K_t^\alpha$$
$$= A_t K_t^\alpha = Y_t \tag{2.45}$$

なので（$L_t = 1$ を仮定していることに注意），確かに t 期における生産と所得は等しい．

2.4.2 定常状態

手始めに，このモデルの定常状態について考えてみよう．まず，$\Delta C_{t+1} = 0 \Leftrightarrow C_{t+1} = C_t = C$ であるとすると，(2.42)式は

$$1 = \beta(\alpha A_{t+1} K_{t+1}^{\alpha-1} - \delta + 1) \tag{2.46}$$

と書き換えられる．添え字を1期前にずらし，整理すると，

$$K_t = \left(\frac{\beta^{-1} + \delta - 1}{\alpha A_t}\right)^{\frac{1}{\alpha-1}} \tag{2.47}$$

である．次に，$\Delta K_{t+1} = 0 \Leftrightarrow K_{t+1} = K_t = K$ であるとする．(2.43) 式の K_t, K_{t+1} に K を代入して整理すると，

$$C_t = A_t K^\alpha - \delta K \tag{2.48}$$

となる.

　以下では，技術水準 A_t にトレンドがなく，長期的な平均が定数 A であるとする. $K = \left(\frac{\beta^{-1} + \delta - 1}{\alpha A}\right)^{\frac{1}{\alpha - 1}}$ と $C = AK^\alpha - \delta K$ を K-C 平面上に図示すると（図中においてそれぞれ $\Delta C_t = 0$, $\Delta K_t = 0$ と表記する），図2.6のようになる. ただし，パラメータは $\alpha = 0.3$, $\beta = 0.99$, $\delta = 0.25$ とおいた[11]. このとき，図2.6での $\Delta C_t = 0$ と $\Delta K_t = 0$ の交点が定常状態 (C^*, K^*) であり，

$$K^* = \left(\frac{\beta^{-1} + \delta - 1}{\alpha A}\right)^{\frac{1}{\alpha - 1}} \tag{2.49}$$

$$C^* = A(K^*)^\alpha - \delta K^* \tag{2.50}$$

と表される[12].

2.4.3　解の求め方と位相図

　初期条件として $K_1 = \overline{K}$ ($\neq K^*$) が与えられたとき，(C_t, K_t), $t = 1, 2, \ldots$ のパスはどのようになるだろうか. このモデルでは任意の初期値 $\overline{K} > 0$ に対して，時間 t が充分経過した後には，(C_t, K_t) は定常状態 (C^*, K^*) に必ず収束する[13].

　モデルの内生変数は C_t と K_t の2個であるが，家計は C_t を直接コントロールできるのに対し，K_t は投資を通じて間接的にしかコントロールできないという違いがあることに注意しよう. 以下では，(2.43)式のような遷移式で決まる変数を状態変数，それ以外の内生変数をジャンプ変数と呼ぶことにする. この場合，K_t は状態変数，C_t はジャンプ変数である.

---

11) 定数 A は $A = 1$ として作図した.

12) (2.48)式の C_t を最大にする K は,

$$\frac{\partial C_t}{\partial K} = A_t \alpha K^{\alpha - 1} - \delta = 0 \tag{2.51}$$

$$\Leftrightarrow \quad K = \left(\frac{\delta}{\alpha A_t}\right)^{\frac{1}{\alpha - 1}} \tag{2.52}$$

なので，資本ストックの定常値 K^* よりも大きい. また，(2.48)式の左辺を0とおいて K について解くことにより，K の上限 $K_{\max} = \left(\frac{\delta}{A_t}\right)^{\frac{1}{\alpha - 1}}$ が得られる.

13) このメカニズムは，動的計画法（dynamic programming）の考え方を用いて説明できる. やや高度なので6章で説明する.

　簡単化のためにすべての t について $A_t = 1$ とすると，モデル方程式は，

$$\frac{C_{t+1}}{C_t} - \beta(\alpha K_{t+1}^{\alpha-1} - \delta + 1) = 0 \tag{2.53}$$

$$K_{t+1} - K_t^\alpha - (1-\delta)K_t + C_t = 0 \tag{2.54}$$

と記述できる．(2.53)式と(2.54)式は，それぞれ

$$f(C_t, C_{t+1}, K_{t+1}) = 0 \tag{2.55}$$

$$g(C_t, K_t, K_{t+1}) = 0 \tag{2.56}$$

と模式的に表現できる．

　ここで，時間が充分経過した T 期より後には，(C_t, K_t) は定常状態 (C^*, K^*) にあるとする．このとき，ジャンプ変数 C_t については $C_{T+1} = C^*$，状態変数 K_t については $K_1 = \overline{K}$ を制約条件として，以下のような $2 \times T$ 本の連立方程式を解くことによって，モデルの解（完全予見解）が求められる．

$$f(C_1, C_2, K_2) = 0$$
$$g(C_1, \overline{K}, K_2) = 0$$
$$\vdots$$
$$f(C_t, C_{t+1}, K_{t+1}) = 0$$
$$g(C_t, K_t, K_{t+1}) = 0$$
$$\vdots$$
$$f(C_T, C^*, K_{T+1}) = 0$$
$$g(C_T, K_T, K_{T+1}) = 0$$

未知変数は，$C_1, C_2, ..., C_T$ と $K_2, K_3, ..., K_{T+1}$ でちょうど連立方程式の本数と同じ $2 \times T$ 個である．

　パラメータを図2.6を描いたときと同様に設定して，$K_1 = 0.5K^*, 2K^*$ という2通りの初期値を与えた場合の (C_t, K_t) のそれぞれの動きを K_t-C_t 平面上に示したのが，図2.7である（位相図という）．どのような K_1 から出発してもこの図2.7に示す経路を経て最終的には定常状態 (C^*, K^*) に移行する．この図から，K_t の定常値 K^* からの乖離が大きいほど調整は早く進むことがわかる．見方を変えて，初期値 $K_1 = 0.5K^*$ に対して横軸に時間をとって C_t, K_t それぞれの動きを図示すると，図2.8のようになる．

図2.7 位相図

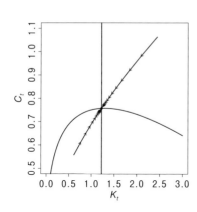

図2.8 C_t, K_t の動き（$K_1 = 0.5K^*$）

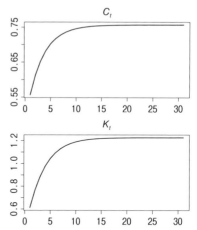

　次章では，このラムゼイモデルに政府と税制を加えることにより，税制の違いが経済成長に与える影響をみてみよう．

2.5 2章の補論

2.5.1 式展開の補足

　ラグランジアン(2.31)式の $C_t, K_{i+1}, i \geq t$ についての偏微分，およびその結果である(2.32)式～(2.35)式について補足する．まず，ラグランジアンを C_t で偏微分すると，下線を引いた項以外は消え，

$$
\begin{aligned}
\Lambda = &[\underline{\ln(C_t)} + \lambda_t \{r_t K_t + w_t \underline{- C_t} + (1-\delta)K_t - K_{t+1}\}] \\
&+ \beta[\ln(C_{t+1}) + \lambda_{t+1}\{r_{t+1}K_{t+1} + w_{t+1} - C_{t+1} + (1-\delta)K_{t+1} - K_{t+2}\}] \\
&+ \beta^2[\ln(C_{t+2}) + \lambda_{t+2}\{r_{t+2}K_{t+2} + w_{t+2} - C_{t+2} + (1-\delta)K_{t+2} - K_{t+3}\}] \\
&+ \cdots
\end{aligned}
\tag{2.57}
$$

以下の式が得られる．

$$
\frac{\partial \Lambda}{\partial C_t} = \frac{\partial}{\partial C_t}[\ln(C_t) - \lambda_t C_t] = 0 \quad \Leftrightarrow \quad \frac{1}{C_t} - \lambda_t = 0
\tag{2.58}
$$

次に，ラグランジアンを K_{t+1} で偏微分すると，下線を引いた項以外は消え，

$$
\begin{aligned}
\Lambda = & [\ln(C_t) + \underline{\lambda_t}\{r_t K_t + w_t - C_t + (1-\delta)K_t \underline{- K_{t+1}}\}] \\
& + \underline{\beta}[\ln(C_{t+1}) + \lambda_{t+1}\{r_{t+1}K_{t+1} + w_{t+1} - C_{t+1} + \underline{(1-\delta)K_{t+1}} - K_{t+2}\}] \\
& + \beta^2[\ln(C_{t+2}) + \lambda_{t+2}\{r_{t+2}K_{t+2} + w_{t+2} - C_{t+2} + (1-\delta)K_{t+2} - K_{t+3}\}] \\
& + \cdots
\end{aligned}
\tag{2.59}
$$

以下の式が得られる.

$$
\begin{aligned}
\frac{\partial \Lambda}{\partial K_{t+1}} &= \frac{\partial}{\partial K_{t+1}}[-\lambda_t K_{t+1} + \beta\lambda_{t+1}(r_{t+1}+1-\delta)K_{t+1}] = 0 \\
&\Leftrightarrow \quad \beta(r_{t+1}-\delta+1)\lambda_{t+1} - \lambda_t = 0
\end{aligned}
\tag{2.60}
$$

さらに，ラグランジアンを C_{t+1} で偏微分すると，下線を引いた項以外は消え，

$$
\begin{aligned}
\Lambda = & [\ln(C_t) + \lambda_t\{r_t K_t + w_t - C_t + (1-\delta)K_t - K_{t+1}\}] \\
& + \underline{\beta}[\underline{\ln(C_{t+1})} + \lambda_{t+1}\{r_{t+1}K_{t+1} + w_{t+1} \underline{- C_{t+1}} + (1-\delta)K_{t+1} - K_{t+2}\}] \\
& + \beta^2[\ln(C_{t+2}) + \lambda_{t+2}\{r_{t+2}K_{t+2} + w_{t+2} - C_{t+2} + (1-\delta)K_{t+2} - K_{t+3}\}] \\
& + \cdots
\end{aligned}
\tag{2.61}
$$

以下の式が得られる.

$$
\frac{\partial \Lambda}{\partial C_{t+1}} = \frac{\partial}{\partial C_{t+1}}\beta[\ln(C_{t+1}) - \lambda_{t+1}C_{t+1}] = 0 \quad \Leftrightarrow \quad \frac{1}{C_{t+1}} - \lambda_{t+1} = 0 \tag{2.62}
$$

最後に，ラグランジアンを K_{t+2} で偏微分すると，下線を引いた項以外は消え，

$$
\begin{aligned}
\Lambda = & [\ln(C_t) + \lambda_t\{r_t K_t + w_t - C_t + (1-\delta)K_t - K_{t+1}\}] \\
& + \underline{\beta}[\ln(C_{t+1}) + \underline{\lambda_{t+1}}\{r_{t+1}K_{t+1} + w_{t+1} - C_{t+1} + (1-\delta)K_{t+1} \underline{- K_{t+2}}\}] \\
& + \underline{\beta^2}[\ln(C_{t+2}) + \underline{\lambda_{t+2}}\{\underline{r_{t+2}K_{t+2}} + w_{t+2} - C_{t+2} + \underline{(1-\delta)K_{t+2}} - K_{t+3}\}] \\
& + \cdots
\end{aligned}
\tag{2.63}
$$

以下の式が得られる.

$$
\begin{aligned}
\frac{\partial \Lambda}{\partial K_{t+2}} &= \frac{\partial}{\partial K_{t+2}}[-\beta\lambda_{t+1}K_{t+2} + \beta^2\lambda_{t+2}(r_{t+2}+1-\delta)K_{t+2}] = 0 \\
&\Leftrightarrow \quad \beta(r_{t+2}-\delta+1)\lambda_{t+2} - \lambda_{t+1} = 0
\end{aligned}
\tag{2.64}
$$

以下，i を増やしていった場合にどうなるかは自明であろう.

2.5.2 位相図についての補足 ♠

図2.7に示した最適経路について，オイラー方程式（2.42）と関連付けてもう少し深く考えてみよう．初期での資本 K_1 を所与として，生涯効用が最大と

図2.9　位相図（詳細版）

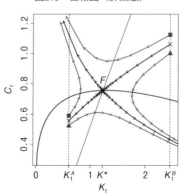

注）初期の資本 K_1 の例を2通り（K_1^A と K_1^B）書き込んでいるが，
どちらをもとに議論しても帰結は同じである．

なるように消費の列 $C_1, C_2, \dots$ を決めていくのが(2.29)式の効用最大化問題だった．我々は，2.4.3項で議論したとおり，1つのやり方として K_1 に対する最適な消費 C_1^{opt} を求める方法を知っている．

　では，初期の資本 K_1 を所与として最適な消費 C_1^{opt} ではない消費の水準 $C_1^{+/-}$ を選んだらどうなるだろうか．オイラー方程式（2.42）を C_{t+1} について解き，資本の遷移式（2.43）を用いて K_{t+1} を消去すると，

$$C_{t+1} = \beta[\alpha(K_t^\alpha + (1-\delta)K_t - C_t)^{\alpha-1} - \delta + 1]C_t \tag{2.65}$$

という式が得られるので，この式を将来に向かって解いていくと，家計の一階の最適化条件を満たすようなある消費の列 $C_1, C_2, \dots$ が得られる．

　ここで，K_1 に対する最適な消費 C_1^{opt} よりも大きい消費 C_1^+ を初期値として(2.65)式を将来に向かって解くと $K_t \to 0\,(t \to \infty)$ となるが，このとき，生涯効用は $-\infty$ に発散するので最適経路ではない．これは，図2.9における■印から出る矢印の列に対応する[14]．逆に，K_1 に対する最適な消費 C_1^{opt} よりも小さい消費 C_1^- を初期値として(2.65)式を将来に向かって解くと $K_t \to K_{\max}\,(t \to \infty)$ となるが（脚注12参照），このとき，各期の消費を微少量増加させることにより生涯効用は増加するので同様に最適経路ではない．これは，図2.9における▲印から出る矢印の列に対応する．この考察からもわかる

とおり，$C_1 = C_1^{\text{opt}}$ から (2.65) 式を解き始めた場合のみ，生涯効用を最大にするような最適経路が得られる（これは×印から出る矢印の列に対応する）．

図中における F に対応する不動点である定常状態 (K^*, C^*) から少し左上，右下にずらしてから (2.65) 式を将来に向かって解くと，不動点を起点とする矢印の列が描ける．この図のように，ある平面において不動点に向かう解の流れが 2 本，それを横切るように不動点から出る解の流れが 2 本描けるとき，この不動点を鞍点という[15]．したがって，このモデルの解は鞍点解と呼ばれる．

◆ **2章の補遺**

ラグランジュの未定乗数法については神谷・浦井[1996]（文献[13]），効用関数，利潤最大化については例えば Varian [1992]（文献[9]）が詳しい．

---

14) 図2.6の $\Delta C_t = 0$ は，(2.46) 式の K_{t+1} に (2.43) 式の右辺を代入して $C_t (= C)$ について解くと

$$C = AK_t^a + (1-\delta)K_t - K^*$$

なので，厳密には右上がりの曲線である．

15) 例えば，高橋[1988]（文献[16]）を参照．

第3章 財政モデル：税制と経済成長

前章のラムゼイモデルは，家計と企業という2つの経済主体からなるモデルであった．このモデルには，それほど複雑な手間をかけることなく政府と税制を組み込むことができる．本章では，ラムゼイモデルに政府を導入し，税制の違いが経済成長に与える影響を分析することにしよう．

3.1 課税理論モデル

モデルの基本的な部分については，前章のラムゼイモデルと同様の想定をおく．

代表的家計

まず，市場には多数の家計がいて，どんなに時間が経っても市場から退出することはないとする．その選好や能力は全く同一であるとし，かつ前章と同じように相対的危険回避度一定型の効用関数をもつものとすると，あたかも1つの代表的家計が存在するかのように考えても同じ結果になる．代表的家計は，ある予算制約の下で以下のような生涯効用関数

$$U_t = \sum_{i=0}^{\infty} \beta^i \ln(C_{t+i}) \tag{3.1}$$

を最大化するように行動するものとしよう．

代表的家計はt期初に資本ストックK_tを有し，それを企業にr_tというレン

タルプライス（実質利子率）で貸し出すものとする．また，家計は一定の労働を供給することで賃金 w_t を得るものとする．その所得のうちから，代表的家計は消費 C_t を行い，税を支払い，残りは投資するものとする．税の種類は，消費に比例する消費税，資本所得に比例する資本所得税および一括税の3種類とする．消費税率を $\tau_{c,t}$，資本所得税率を $\tau_{k,t}$，一括税を $\tau_{h,t}$ とし，資本の減耗率を δ とすると，t 期の予算制約は，

$$K_{t+1}+(1+\tau_{c,t})C_t+\tau_{h,t}=(1-\tau_{k,t})r_tK_t+w_t+(1-\delta)K_t \qquad (3.2)$$

である（一括税 $\tau_{h,t}$ の意味については，後掲の(3.13)式の説明を参照）．$t+1$ 期，$t+2$ 期，… も同様である．

　ラグランジュの未定乗数法により，一階の最適化条件を求めよう．ラグランジアンは，$\lambda_t,\lambda_{t+1},...$ をラグランジュ乗数とすると，

$$\Lambda=\sum_{t=t}^{\infty}\beta^{i-t}[\ln(C_i)+\lambda_i\{(1-\tau_{k,i})r_iK_i+w_i+(1-\delta)K_i \\ -(1+\tau_{c,i})C_i-K_{i+1}-\tau_{h,i}\}] \qquad (3.3)$$

とおける．C_t, K_{t+1} で偏微分しゼロと等号で結ぶと，

$$\frac{1}{C_t}-(\tau_{c,t}+1)\lambda_t=0 \qquad (3.4)$$

$$\beta[r_{t+1}(1-\tau_{k,t+1})-\delta+1]\lambda_{t+1}-\lambda_t=0 \qquad (3.5)$$

という2つの一階の最適化条件が得られる．

代表的企業

　市場には多数の企業が存在するが，その生産関数が全く同一であるとすると，全ての企業は同じ行動をとる．規模に関して収穫一定の生産関数を仮定すると，あたかも1つの代表的企業が存在するかのように考えても同じ結果になるので，代表的企業の生産関数を

$$Y_t=A_tK_t^{\alpha}L_t^{1-\alpha} \qquad (3.6)$$

とする．利潤最大化の一階条件は，

$$\alpha A_t K_t^{\alpha-1} L_t^{1-\alpha} - r_t = 0 \tag{3.7}$$

$$(1-\alpha) A_t K_t^\alpha L_t^{-\alpha} - w_t = 0 \tag{3.8}$$

であるが，家計により供給される労働 L_t が 1 であるとすると，上記はそれぞれ，

$$Y_t = A_t K_t^\alpha \tag{3.9}$$

$$r_t = \alpha A_t K_t^{\alpha-1} \tag{3.10}$$

$$w_t = (1-\alpha) A_t K_t^\alpha \tag{3.11}$$

と書き直される．(3.4)式と(3.5)式から λ_t を消去して(3.10)式を用いることより，オイラー方程式

$$\frac{(1+\tau_{c,t+1})C_{t+1}}{(1+\tau_{c,t})C_t} = \beta[(1-\tau_{k,t+1})\alpha A_{t+1} K_{t+1}^{\alpha-1} - \delta + 1] \tag{3.12}$$

が得られる．

政府

　政府は，g_t を政府支出として消費し，それと同額を家計から税として徴収するものとする．政府の予算制約は，

$$g_t = \tau_{c,t} C_t + \tau_{k,t} r_t K_t + \tau_{h,t} \tag{3.13}$$

となる．すなわち，政府は消費税 $\tau_{c,t} C_t$ と資本所得税 $\tau_{k,t} r_t K_t$ を徴収し，不足する分を一括税 $\tau_{h,t}$ として徴収するものとする．消費税と資本所得税の合計が政府支出を上回る場合には，マイナスの一括税，すなわち一括交付金として家計に還付される．

財市場の均衡

　マクロの資本ストックの増分は，生産から消費と政府支出と減耗を差し引いた分に等しいので，

$$\Delta K_{t+1} = K_{t+1} - K_t = Y_t - C_t - g_t - \delta K_t = A_t K_t^\alpha - C_t - g_t - \delta K_t \tag{3.14}$$

である．この式から資本の遷移式

$$K_{t+1} = A_t K_t^{\alpha} + (1-\delta)K_t - C_t - g_t \tag{3.15}$$

が得られる．C_t, K_t を内生変数，A_t, g_t, $\tau_{c,t}$, $\tau_{k,t}$ を外生変数とみなすと，オイラー方程式(3.12)と資本の遷移式(3.15)の2本の方程式がこのモデルの主要部分である[1]．一括税 $\tau_{h,t}$ は残差として決まるので，モデルを解く際には必ずしも考慮する必要はない．

定常状態

このモデルの定常状態について考えよう．まず，$C_t = C_{t+1} = C^*$, $K_{t+1} = K_t = K^*$, $A_{t+1} = A_t = A$, $\tau_{c,t} = \tau_{c,t+1} = \tau_c$, $\tau_{k,t} = \tau_{k,t+1} = \tau_k$, $g_t = g_{t+1} = g$ をそれぞれ代入すると，(3.12)式は

$$1 = \beta\left[(1-\tau_k)\alpha A (K^*)^{\alpha-1} - \delta + 1\right] \tag{3.17}$$

と書き換えられる．整理すると，

$$K^* = \left[\frac{\beta^{-1}+\delta-1}{(1-\tau_k)\alpha A}\right]^{\frac{1}{\alpha-1}} \tag{3.18}$$

である．一方で，(3.15)式は

$$C^* = A(K^*)^{\alpha} - g - \delta K^* \tag{3.19}$$

となる．(3.18)式と(3.19)式からわかるとおり，τ_k は定常状態に影響を与えるが，τ_c は定常状態に影響を与えない．

3.2 税制が経済成長に与える影響

3.2.1 パラメータと外生変数の設定

オイラー方程式(3.12)と資本の遷移式(3.15)からなるモデルを用いて，税制

1）生産＝支出＝分配の三面等価を記号を用いて表すと，

$$Y_t = C_t + (\Delta K_{t+1} + \delta K_t) + g_t = r_t K_t + w_t \tag{3.16}$$

となる．

の違いが経済成長に与える影響を分析してみよう.

ソローモデルとこのモデルの大きな違いは,貯蓄率が外生であるか内生であるかという点である.1章では,貯蓄率が何らかの手段によって変化した場合に経済成長のパスがどのように変化するかを分析した.これに対して,このモデルでは貯蓄率が内生化されており,なおかつ税率という貯蓄率を変化させる具体的な手段を備えている.すなわち,この章のモデルでは,税率の変更などの政策変更があった場合に生涯効用を最大化するように貯蓄率が内生的に変化し,その結果として経済成長のパスが決定される.

2章と同様に,パラメータは $\alpha = 0.3$, $\beta = 0.99$, $\delta = 0.25$ とおく.外生変数のうち技術水準 A_t は $A_t = 1$ で一定とする.政府支出 g_t は0.1で一定とし,消費税率 $\tau_{c,t}$ と資本所得税率 $\tau_{k,t}$ は基準ケース(初期値)ではゼロとしよう.このとき,(3.13)式より一括税 $\tau_{h,t}$ は政府支出 g_t に等しい.定常状態では $K^* = 1.226$, $C^* = 0.6565$ かつ $Y^* = C^* + g + \delta K^*$ が成り立つので $Y^* = 1.063$ である.

3.2.2 解の求め方

このモデルの解は,2章のモデルとほぼ同じ方法で求められる.まず,オイラー方程式(3.12),資本の遷移式(3.15)は,それぞれ模式的に以下のように表現できる.

$$f(C_t, C_{t+1}, K_{t+1}, \tau_{c,t}, \tau_{c,t+1}, \tau_{k,t+1}) = 0 \tag{3.20}$$

$$g(C_t, K_t, K_{t+1}, g_t) = 0 \tag{3.21}$$

ここで,時間が充分経過した T 期より後には,内生変数 (C_t, K_t) は外生変数の終端条件(外生変数は $t \geq T$ では一定とする)により決まる定常状態 (C^*, K^*) にあるとする.$t = 1$ を初期とし,$t = 1, 2, ..., T$ に対する外生変数の値が全て既知のとき,ジャンプ変数 C_t については $C_{T+1} = C^*$,状態変数 K_t については初期値 $K_1 = \overline{K}$ を制約条件として,以下のような $2 \times T$ 本の連立方程式を解くことによってモデルの解(完全予見解)が求められる.

図3.1 C_t, K_t の動き（消費税増税シミュレーション）

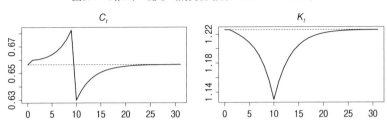

$$f(C_1, C_2, K_2, \tau_{c,1}, \tau_{c,2}, \tau_{k,2}) = 0$$
$$g(C_1, \overline{K}, K_2, g_1) = 0$$
$$\vdots$$
$$f(C_t, C_{t+1}, K_{t+1}, \tau_{c,t}, \tau_{c,t+1}, \tau_{k,t+1}) = 0$$
$$g(C_t, K_t, K_{t+1}, g_t) = 0$$
$$\vdots$$
$$f(C_T, C^*, K_{T+1}, \tau_{c,T}, \tau_{c,T+1}, \tau_{k,T+1}) = 0$$
$$g(C_T, K_T, K_{T+1}, g_T) = 0$$

未知変数は，$C_1, C_2, ..., C_T$ と $K_2, K_3, ..., K_{T+1}$ でちょうど連立方程式の本数と同じ $2 \times T$ 個である．

3.2.3 消費税増税シミュレーション

まず，$t = 0$ には定常状態にあったとし，$t = 10$ から消費税率 $\tau_{c,t}$ が 0.1 になるというアナウンスが $t = 1$ であったとしよう．この場合の C_t, K_t の動きは図3.1に示すようになる．

$t = 1 \sim 9$ にかけて消費 C_t が初期値よりも上昇するのは，駆け込み消費と呼ばれる現象である．すなわち，$t = 10$ から消費税率が引き上げられることがわかっているため，消費が定常状態の水準よりも高まる．逆に $t = 10$ で消費税率が引き上げられた直後には，消費の水準は定常状態の水準よりも低くなる．これは，駆け込み消費の反動と呼ばれる．家計の最適化行動を考慮したモデルを用いると，消費税が上がる前に必要なものは先に買ってしまおうという家計（消費者）にとってのごく自然な行動が表現できる．この点が，先ほど説

明した貯蓄率の内生化と関連するソローモデルとの大きな違いである.

駆け込み消費とその反動は,現実にも観察される現象である.日本でも1989年4月の消費税導入(3%),1997年4月の消費税率引き上げ(3%→5%)および2014年4月の消費税率再引き上げ(5%→8%)の際にこのような現象が見られた.耐久消費財(例えば自動車)や住宅など,金額が大きく購入頻度が低い財に対して駆け込み消費が生じやすい.

駆け込み消費とその反動が生じるのは,オイラー方程式(3.12)を見ればわかるように,消費の平準化を図るほうが生涯効用がより高い水準となるためである.このモデルの生産 Y_t は生産関数(3.9)式で規定されてしまっているため,駆け込み消費が生じている間は投資の水準が定常状態の水準よりも低くなる.その結果,資本ストック K_t の水準が一時的に下落するため,生産が消費税率引き上げ前後の期間で低迷し,駆け込み消費の反動をより大きなものにしている.しかし,このモデルでは,消費税率は(3.18)式,(3.19)式からも明らかなように定常状態に影響を与えない[2].そのため,消費税率引き上げの影響は,長い時間をかけて解消され,消費,資本,生産ともいずれ初期の水準に戻る.

3.2.4 資本所得税増税シミュレーション

次に,資本所得税率の引き上げシミュレーションをしてみよう.先ほどと同様,$t=0$ には定常状態にあったとし,$t=10$ から資本所得税率 $\tau_{k,t}$ が 0.1 になるというアナウンスが $t=1$ であったとしよう.消費税率 $\tau_{c,t}$ はゼロのまま据え置く.この場合の C_t,K_t の動きは図3.2に示すようになる.

消費税増税シミュレーションの場合と大きく異なるのは,資本所得税率の引き上げにより,定常状態が生産を引き下げる方向にシフトすることである.すなわち,資本所得税率の引き上げは家計から見た資本収益率を押し下げるため,貯蓄意欲を減退させる.その結果,定常状態での資本の水準が下落し,生産も元の水準よりも低くなる.資本所得税率が高いほど,定常状態での資本の水準が下がることは(3.18)式から明らかであろう.

---

2)労働供給が外生であることが,消費税率が定常状態に影響を与えないことの理由の1つである.

図3.2　C_t, K_t の動き（資本所得税増税シミュレーション）

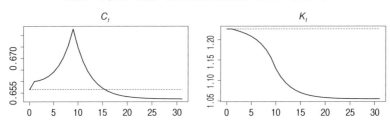

　資本所得税率引き上げの際にも，駆け込み消費に近い現象が見られる．すなわち，消費の水準は資本所得税率の引き上げ直前に最も高くなる．これは，資本所得税率の引き上げの前により消費を増やそうという気持ちが働いているというよりは，むしろ資本所得税率の引き上げの直前に増税を見越して投資が控えられ，その結果として消費の水準が初期の水準よりも高くなるためである．したがって，資本所得税率の増税後も直ちに消費が控えられるといった現象は見られない．資本所得税率の引き上げのために投資を控えるという行動は恒久的に持続するため，資本の水準は徐々に低下していき，最終的に初期の水準よりも低い新たな定常状態の水準に到達する．

　2種類の増税シミュレーションから明らかになったことは，どちらの税率を引き上げるにせよ，増税は資本の蓄積過程にマイナスの影響を与え，生産を引き下げる方向に働くという点である．ただし，消費税増税の場合には生産の減少が一時的であるのに対し，資本所得税の増税は生産を恒久的に減少させるという点が大きく異なる．すなわち，消費税増税では定常状態はシフトしないが，資本所得税増税は定常状態を好ましくない方向へシフトさせる．言い換えれば，資本所得税の増税には長期にわたって成長率を押し下げるという好ましくない性質がある．

　モデルによるシミュレーション結果を素直に解釈すると，税は全て一括税 $\tau_{h,t}$ により徴収すればよいように思われるが，これは現実性に乏しい．実際上，公平性の観点から，所得や消費に比例するような税でないと導入が困難であり，日本において一括税のような税はほとんど存在しない[3]．したがって，このモデル内での一括税は，政府が無利子で公債を発行して資金調達をしてい

ると解釈したほうがより実際に近づくが，現実には公債には利子が存在するため無制限に借りられるわけではなく，いずれは他の手段による増税を迫られる．モデルによるシミュレーション結果は，税収が足りない場合に消費税と資本所得税という2種類の選択肢があったとき，総合的に判断して消費税率を引き上げて税収を確保するほうが望ましいという結論を示唆していると解釈すべきである．

3章の補遺

この章のモデルは，Ljungqvist and Sargent［2018］（文献[5]）の11章を参考にした．

3）国民年金保険料には一括税に近い性質があるが，税ではなく社会保険料であることもあり徴収率は低い．

第4章 実物的景気循環モデル

　2章，3章のモデルには景気変動の要素が含まれていなかった．景気変動は実物的要因，特に技術ショックによって引き起こされるという考えに基づいて，ラムゼイモデルを拡充したモデルを実物的景気循環（RBC：Real Business Cycle）モデルという．あわせて，家計の労働供給も景気変動に左右されるため，労働の内生化を行う．

　RBC モデルの変数は全て実物変数であり，インフレ率，名目賃金や政策金利といった名目変数は含まない．したがって，暗黙の前提として，物価の変動や政策金利の変更は景気変動に影響を及ぼさないと仮定していることになる．この仮定に対しては，それ自体が非常に強い仮定であることもあり，現実のデータを見ることで比較的容易に反証可能であるように思われる（4.3節で議論する）．したがって，現在では，景気循環が外生的な技術ショック"だけ"によって引き起こされるという考え方は，少数派である．

　もっとも，そのような反証をもって実物的景気循環理論が否定されたと考えるのは早計であろう．むしろ，RBC モデルは，仮に古典派の二分法が成り立つ世界とした場合のマクロ経済のあり方を規範的に示したものと捉えるべきである[1]．現実が RBC モデルで説明するようにはならないという事実をもって，古典派の二分法をどのように修正すべきかの示唆を得ることができる．RBC モデルを用いた理論的・実証的分析から得られた知見を基礎として，マクロ経済学はその後大きく発展したといってよいだろう[2]．

　その意味で，規範的なマクロ経済モデルとしての RBC モデルを用いて，実物的景気循環論的な考え方を体得することは有用である．ラムゼイモデルと比較して労働を内生化した分だけ変数が増えるためやや複雑になるが，モデルの解き方自体はほぼ同じである．RBC モデルやそれの発展形である動学的・確率的一般均衡モデル（DSGE モデル）では，モデルの特性を確認するためインパルス応答を描写することが多い．その方法について4.2節で説明する．

4.1 RBC モデル

4.1.1 モデルのセットアップ

代表的家計

代表的家計の生涯効用関数を

$$U_t = \sum_{t=0}^{\infty} \beta^i [\ln(C_{t+i}) - \mu L_{t+i}^{\gamma+1}] \tag{4.1}$$

としよう[3]. $\mu L_i^{\gamma+1}$ は労働の不効用を表しており，μ は労働の不効用の相対ウエイト，γ は労働供給の弾力性の逆数である．代表的家計は t 期初に資本ストック K_t を有し，それを企業に r_t というレンタルプライス（実質利子率）で貸し出すものとする．また，労働 1 単位当たりの賃金を w_t とし，家計は労働 L_t を供給することで労働所得 $w_t L_t$ を得るものとする．その所得のうちから，代表的家計は消費 C_t を行い，残りは投資するものとする．資本の減耗率を δ とすると，t 期の予算制約は，

$$K_{t+1} + C_t = r_t K_t + w_t L_t + (1-\delta) K_t \tag{4.2}$$

である．

したがって，家計の異時点間の最適化問題は，

$$\begin{aligned} &\max_{C,L} U_t = \sum_{i=0}^{\infty} \beta^i [\ln(C_{t+i}) - \mu L_{t+i}^{\gamma+1}] \\ &\text{s.t. } K_{i+1} + C_i = r_i K_i + w_i L_i + (1-\delta) K_i, \quad i \geq t \end{aligned} \tag{4.3}$$

と定式化できる．この最適化問題では，$\lambda_t, \lambda_{t+1}, \dots$ をラグランジュ乗数とし，ラグランジアンを

1）古典派の二分法とは，貨幣や物価は実物経済に影響を及ぼさないとする考え方をいう．
2）実物的景気循環理論の提唱者は Finn E. Kydland と Edward C. Prescott（2004年にノーベル経済学賞受賞）である．
3）代表的家計，代表的企業の説明は，繰り返しになるためここでは控える．必要に応じて 2 章，3 章の議論を参照されたい．

$$\Lambda = \sum_{i=t}^{\infty} \beta^{i-t} [\ln(C_i) - \mu L_i^{\gamma+1}$$
$$+ \lambda_i (r_i K_i + w_i L_i + (1-\delta) K_i - K_{i+1} - C_i)] \tag{4.4}$$

とするラグランジュの未定乗数法により，最適化の一階の条件を求めることができる．ラグランジアン Λ を C_t, L_t, K_{t+1} で偏微分しゼロと等号で結ぶと，

$$\frac{1}{C_t} - \lambda_t = 0 \tag{4.5}$$

$$w_t \lambda_t - (\gamma+1)\mu L_t^{\gamma} = 0 \tag{4.6}$$

$$\beta(r_{t+1} - \delta + 1)\lambda_{t+1} - \lambda_t = 0 \tag{4.7}$$

である．$\lambda_t = 1/C_t$ より (4.6) 式と (4.7) 式から λ_t, λ_{t+1} を消去して整理すると，

$$\frac{w_t}{C_t} = (\gamma+1)\mu L_t^{\gamma} \tag{4.8}$$

$$\frac{C_{t+1}}{C_t} = \beta(r_{t+1} - \delta + 1) \tag{4.9}$$

である[4]．(4.9) 式は 2 章，3 章にも出てきたオイラー方程式であり，RBC モデルでは労働を内生化するので消費と労働の代替関係を表す (4.8) 式が新たに登場した．

代表的企業

次に，代表的企業の生産関数を

$$Y_t = A_t K_t^{\alpha} L_t^{1-\alpha} \tag{4.10}$$

としよう．このとき，利潤最大化の一階条件は，

$$r_t = \alpha A_t K_t^{\alpha-1} L_t^{1-\alpha} \tag{4.11}$$

4）(4.8) 式において，仮に w_t と L_t のみがそれぞれ w_t', L_t' に変化したとして，両辺の自然対数をとったあと辺々の差をとると，

$$\ln(w_t') - \ln(w_t) = \gamma[\ln(L_t') - \ln(L_t)]$$

となる．この式は，例えば左辺が 0.01，つまり賃金 w_t が 1％増加したとき，労働 L_t が $1/\gamma$％増加することを意味しており（5.3 節の (5.34) 式に関する議論を参照），したがって $1/\gamma$ が労働供給の賃金弾力性であることを表している．

$$w_t = (1-\alpha)A_t K_t^\alpha L_t^{-\alpha} \tag{4.12}$$

である.

財市場の均衡，技術水準の遷移式

市場全体の資本ストックの増分は，生産から消費と減耗を差し引いた分に等しいので，

$$K_{t+1} = Y_t + (1-\delta)K_t - C_t \tag{4.13}$$

という資本の遷移式が得られる．技術水準 A_t は，技術ショック ε_t を外生変数とし，以下のような過程に従うものとする．

$$\ln(A_{t+1}) = \rho\ln(A_t) + \varepsilon_{t+1} \tag{4.14}$$

(4.14)式のような過程は，一階の自己回帰過程（Fist order Auto-Regressive process：AR(1)過程と略記する）と呼ばれる．左辺 $\ln(A_{t+1})$ に対して右辺の $\ln(A_t)$ を AR(1)項と呼ぶ．通常，外生ショックの持続性に関連するパラメータ ρ は，$0 \leq \rho < 1$ のいずれかの値であるものとする．

(4.14)式について説明を加えておく．まず，定常状態における A_t の値 A^* を求めよう．外生ショック ε_t の値が定常状態でゼロと仮定し，(4.14)式で $A_{t+1} = A_t = A^*$, $\varepsilon_{t+1} = 0$ を代入すると，

$$\ln(A^*) = \rho\ln(A^*) \tag{4.15}$$

という方程式が得られる．この方程式の解は $\ln(A^*) = 0$ すなわち $A^* = 1$ である．つまり，技術水準 A_t が(4.14)式という過程に従うとすれば，定常状態における値は1である．

パラメータ ρ の値をいくつか変えてシミュレーションすることで，外生ショックに対する A_t の反応を確認しておこう．初期値 $A_0 = A^* = 1$ とし，外生の技術ショックは $\varepsilon_1 = 0.01$, $\varepsilon_2 = \varepsilon_3 = ... = 0$, すなわち $t = 1$ に $+1\%$ の技術ショックを与える．パラメータ ρ は 0, 0.5, 0.9, 1.0 の4通り設定する．このとき，(4.14)式により技術水準 A_t のパスをそれぞれ計算した結果は，図4.1の

図4.1 技術水準 A_t のパス

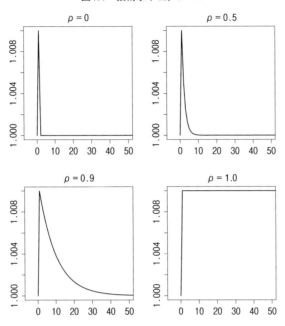

ようになる[5]. $\rho = 0$ のケースでは，技術ショックはその期の技術水準のみに影響を与え，その後の技術水準には全く影響を与えない. $\rho = 0.5$ のケースでは，技術ショックの影響は1期経過するごとに半減する. したがって，比較的短期で技術ショックの影響は消える. $\rho = 0.9$ のケースでは，$0.9^{6.5} \simeq 0.5$ なので，技術ショックの影響は 6 〜 7 期経過するごとに半減する. したがって，技術ショックの影響は比較的長期にわたって継続する.

$\rho = 1$ のケースはややイレギュラーである. 上記で，ρ は $0 \leq \rho < 1$ のいずれかの値とすると述べたとおり，通常 ρ をこの値に設定することはない. $\rho = 1$ の場合，一時の技術ショックの影響はいつまでも消えることなく技術水準 A_t に影響を与え続ける. したがって，技術水準 A_t の定常状態は存在しな

5）$a_t = \ln(A_t)$ と変数変換しておけば簡単に計算できる. もちろん逆変換は $A_t = \exp(a_t)$ である.

いことになる．このとき，A_t は非定常であるという言い方をする．モデルに非定常な内生変数が含まれていると，モデルの性質は内生変数が全て定常な（つまり全て非定常ではない）場合と大きく異なる．2章以降の全てのモデルでは内生変数が全て定常であると仮定している．

補足

　念のため，RBC モデルでも t 期における生産 Y_t と家計の所得 $r_t K_t + w_t L_t$ が等しいことを確認しておこう．(4.11)式，(4.12)式を用いると，

$$r_t K_t + w_t L_t = (\alpha A_t K_t^{\alpha-1} L_t^{1-\alpha}) K_t + \{(1-\alpha) A_t K_t^{\alpha} L_t^{-\alpha}\} L_t$$
$$= A_t K_t^{\alpha} L_t^{1-\alpha} = Y_t \tag{4.16}$$

なので，確かに t 期における生産と所得は等しい．

4.1.2　モデルの全体

　RBC モデルは，2章のラムゼイモデルと比較してやや複雑であるため，モデルの全体を改めて整理しておこう．この章の RBC モデルは，

$$\frac{w_t}{C_t} = (\gamma+1)\mu L_t^{\gamma} \tag{4.8'}$$

$$\frac{C_{t+1}}{C_t} = \beta(r_{t+1} - \delta + 1) \tag{4.9'}$$

$$Y_t = A_t K_t^{\alpha} L_t^{1-\alpha} \tag{4.10'}$$

$$w_t = (1-\alpha) A_t K_t^{\alpha} L_t^{-\alpha} \tag{4.12'}$$

$$K_{t+1} = Y_t + (1-\delta)K_t - C_t \tag{4.13'}$$

$$r_t = \alpha A_t K_t^{\alpha-1} L_t^{1-\alpha} \tag{4.11'}$$

$$\ln(A_{t+1}) = \rho \ln(A_t) + \varepsilon_{t+1} \tag{4.14'}$$

という7本の方程式からなる．内生変数は表4.1に掲げた7個である．ラムゼイモデルと比較すると，賃金 w_t と労働 L_t が新たに内生化されたことになる．(4.14)式の ε_{t+1} は技術ショックを表し，外生変数として扱う．すなわち，この変数に何らかの値を代入することで，シミュレーションを行う．連立方程式の解が求まるためには，方程式の数と未知変数の数がちょうど等しくなければな

表4.1　内生変数	
C_t	消費
L_t	労働
K_t	資本ストック
Y_t	生産量
w_t	賃金
r_t	利子率
A_t	技術水準

表4.2　パラメータ	
β	割引因子
μ	労働の不効用の相対ウエイト
γ	労働供給の弾力性の逆数
α	資本分配率
δ	減耗率
ρ	AR(1)項の係数

らないが，この場合は方程式の数と未知変数にあたる内生変数はどちらもちょうど7つである．遷移式により決まる，家計・企業が間接的にしか制御できないかあるいは全く制御できない状態変数はK_t, A_tの2個であり，それ以外の変数（ジャンプ変数）はC_t, L_t, Y_t, w_t, r_tの5個である．

　モデルのパラメータは，表4.2に掲げたとおりである．ラムゼイモデルと比較すると，賃金と労働を新たに内生化したことにより，労働の不効用の相対ウエイトμと労働供給の弾力性の逆数γが新たに追加された．この2つは，いずれも生涯効用関数(4.1)の性質を決めるパラメータである．

　このRBCモデルでは，ラムゼイモデルと同様，時間tが充分経過した後に7個の内生変数は定常状態に収束する．したがって，方程式数こそRBCモデルのほうが多いものの，ラムゼイモデルと全く同じ方法で内生変数が定常状態に至るまでのパスを求めることできる[6]．

4.1.3　定常値の導出

　それでは，このRBCモデルの定常状態における内生変数それぞれの値（定常値）を求めていこう．外生変数である技術ショックε_tは定常状態ではゼロ

6）(4.8)式はL_tについて解くことができ，(4.10)式，(4.11)式，(4.12)式はそれぞれY_t, r_t, w_tについて解いた形となっている．A_tは他の内生変数の影響を受けないので外生変数とみなすと，L_t, Y_t, w_t, r_tは代入により消去できるので，残る内生変数はC_tとK_tの2個で，残る方程式はオイラー方程式((4.9)式)と資本の遷移式((4.13)式)の2本となる．したがって，このRBCモデルでも，変数を整理すれば主要部となる内生変数と式の数はラムゼイモデルと同じ2つにまで減らせる．

とする. 定常状態は, 4.1.2項に再掲した7本のモデル式の各変数に定常値を代入することによって得られる7本の連立方程式を解くことで, パラメータの関数として得られる. (4.8)〜(4.14)式の各内生変数に $C_t = C_{t+1} = C^*$ といった具合に定常値 $C^*, L^*, K^*, Y^*, w^*, r^*, A^*$ を代入すると,

$$\frac{w^*}{C^*} = (\gamma+1)\mu(L^*)^\tau \tag{4.17}$$

$$1 = \beta(r^*-\delta+1) \tag{4.18}$$

$$Y^* = A^*(K^*)^\alpha(L^*)^{1-\alpha} \tag{4.19}$$

$$w^* = (1-\alpha)A^*(K^*)^\alpha(L^*)^{-\alpha} \tag{4.20}$$

$$r^* = \alpha A^*(K^*)^{\alpha-1}(L^*)^{1-\alpha} \tag{4.21}$$

$$K^* = Y^*+(1-\delta)K^*-C^* \tag{4.22}$$

$$\ln(A^*) = \rho\ln(A^*) \tag{4.23}$$

という連立方程式が得られる. この7本の連立方程式の解となる $C^*, L^*, K^*,$ Y^*, w^*, r^*, A^* が定常値である.

この連立方程式を解いて, 定常値を求めていこう. まず, すでに議論したとおり(4.23)式より $A^* = 1$ である. (4.18)式より

$$r^* = \beta^{-1}+\delta-1 \tag{4.24}$$

であり, これと(4.21)式より

$$\frac{K^*}{L^*} = \left(\frac{r^*}{A^*\alpha}\right)^{\frac{1}{\alpha-1}} \tag{4.25}$$

である. (4.19)式より

$$\frac{Y^*}{L^*} = A^*\left(\frac{K^*}{L^*}\right)^\alpha \tag{4.26}$$

であり, (4.22)式より

$$\frac{C^*}{L^*} = \frac{Y^*}{L^*}-\delta\frac{K^*}{L^*} \tag{4.27}$$

である. 一方で, (4.20)式より

$$w^* = (1-\alpha)A^*\left(\frac{K^*}{L^*}\right)^{\alpha} \tag{4.28}$$

である.（4.17)式から

$$L^* = \left[\frac{w^*}{(\gamma+1)\mu}\right]^{\frac{1}{\gamma+1}}\left(\frac{C^*}{L^*}\right)^{-\frac{1}{\gamma+1}} \tag{4.29}$$

なので,（4.24)式～(4.29)式により,$r^*, K^*, Y^*, C^*, w^*, L^*$ のそれぞれがパラメータ $\beta, \mu, \gamma, \alpha, \delta$ の関数として表されたことになる[7]．

4.2 技術ショックとインパルス応答

モデルの特性を確認するため,$t=1$ で ＋1% の技術ショックが加わった場合の反応（インパルス応答という）を計算してみよう．モデルの解を求めるためには状態変数の初期値を与える必要がある．このモデルの状態変数は K_t, A_t の2個であるが,資本ストック K_t は初期には定常状態にあるものとして $K_1 = K^*$ を初期値とし,技術水準については $A_1 = 1.01$ を初期値とする．外生変数 ε_t は,全ての $t \geq 1$ について $\varepsilon_t = 0$ とするが,初期値 $A_1 = 1.01$ は,$A_0 = 1$, $\varepsilon_1 = 0.01$ という初期値と技術ショックを想定するのと同値である．パラメータはそれぞれ $\beta = 0.99$, $\mu = 1.0$, $\gamma = 1.0$, $\alpha = 0.30$, $\delta = 0.025$, $\rho = 0.9$ とおいた．このとき,定常値はそれぞれ(4.24)式～(4.29)式から計算できる[8]．

このインパルス応答を定常値からの乖離で表すと図4.2のようになる．このうち,投資 I_t は $I_t = Y_t - C_t$ で定義されている[9]．横軸は t,縦軸は定常値か

---

7) この RBC モデルの場合には,定常値のそれぞれをパラメータの関数として表すことができたが,一般にこのように解析的に連立方程式を解くことができるとは限らない．連立方程式が解析的に解けない場合でも,定常状態が一意に定まっていれば,コンピュータを使うことにより定常値を容易に求めることができる．

8) 定常値は,具体的には $C^* = 1.32$, $L^* = 0.67$, $K^* = 14.3$, $Y^* = 1.67$, $w^* = 1.76$, $r^* = 0.035$ である．

9) ここでの投資は,減耗を考慮する前の粗投資である．これに対して,純投資は $\Delta K_{t+1} = K_{t+1} - K_t = Y_t - C_t - \delta K_t$ で定義される．

図4.2　技術ショックに対するインパルス応答（定常値からの乖離率（r_tのみ乖離差），単位％）

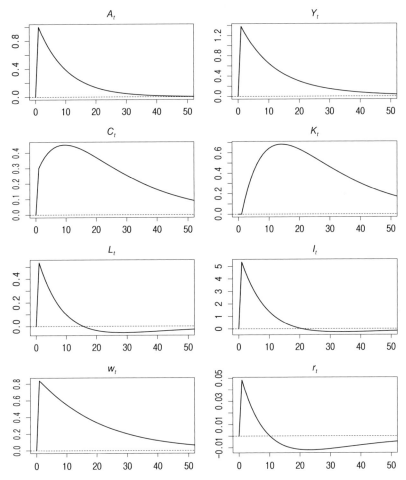

　らの乖離率（％）であるが，利子率 r_t のみあらかじめ率表示されているので
定常値からの乖離差（％ポイント）で示した．これによると，生産関数の形か
ら予想できる Y_t はもちろんのこと，C_t, L_t, I_t, w_t, r_t の全てが技術ショックに対
して同じ方向に動くことがわかる．
　プロセスを解説していくと，まず，正の技術ショックにより生産 Y_t とその
割引現在価値である生涯所得が増加するため，消費 C_t は増加する．（4.8)式か

図4.3　貯蓄率 s_t

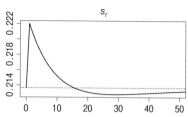

ら明らかなように，消費と労働は代替関係にあり，消費の増加は余暇の価値上昇を通じて労働供給 L_t を減少させる効果があるが，一方で労働は賃金 w_t と正の相関関係にある．賃金は労働の限界生産力に等しい水準に決定されるため，正の技術ショックが加わると，賃金の水準は上昇する[10]．今回設定したパラメータの下では，消費と労働の代替効果よりも賃金が上昇することによる影響が支配的であるため，労働は正の技術ショックにより増加する．

　しかし，消費 C_t の反応は，生産 Y_t に比べると上昇率が小さい．効用関数 (4.1) が凹関数であること，あるいはそこから導出されるオイラー方程式 (4.9) からわかるとおり，家計はなるべく消費を滑らかにするほうが高い効用が実現できるためである．消費の平滑化の結果として，消費水準が最も上昇するのは技術ショックが加わった直後ではなく，多少のラグがある．また，消費の平滑化の裏側で，投資 I_t が大きく増加している．貯蓄率 s_t（投資率に等しい）は $s_t = 1 - \frac{C_t}{Y_t}$ と定義されるが，それを図示すると図4.3のようになる．点線は，s_t の定常値 $s^* = 0.214$ を表す．この図からも明らかであるが，家計は消費を平滑化する一方で，貯蓄率を大きく上昇させていることがわかる．その結果，資本ストック K_t は定常値を上回る水準で推移し，時間をかけて定常値の水準に回帰していく．

---

10) 労働の限界生産力とは，$\frac{\partial Y_t}{\partial L_t}$ をいう．

4.3 RBCモデルに対する評価

RBCモデルの示唆するところは，第1に，一時的な技術ショックに対して生産 Y_t，消費 C_t，投資 I_t，労働 L_t，賃金 w_t，利子率 r_t といった変数が同方向に動くということである．生産，消費，投資，労働，賃金，利子率といった多くのマクロ変数が同時期に同方向に変化するというのは，実際に観察される現象である．第2に，RBCモデルは，消費が生産や投資といった他の変数よりも滑らかに動くと予想する．これも，現実の国民経済計算（GDP統計）の消費と投資の動きを見れば明白であるが，消費よりも投資のほうが変動率が大きいことが実証的に示せる．すなわち，投資は消費より景気感応的であるという現象が，モデルにより表現できたことになる．

RBCモデルは，技術ショックという駆動力（driving force）を導入することにより，全ての変数が同時期に同方向に動くという現象や，消費は他の変数よりも滑らかに動くといった現象を整合的に説明する．その意味で，RBCモデルは魅力的な理論モデルである．ただ，いくつかの点でその不十分性がしばしば指摘される．

まず，技術水準 A_t は，生産関数(4.10)式から計算すればソロー残差に一致するが，ソロー残差が技術水準だけを表しているかというと疑問がある[11]．ソロー残差はGDPギャップと似たサイクルを描いていると考えられるため，図4.4をもとに検討していこう．この図は，内閣府の推計した日本のGDPギャップ（実質GDPの潜在GDPからの乖離率）をグラフに示したものであり，垂直の実線は内閣府公表の景気基準日付の景気の山，破線は景気の谷を示す．これを見ると，GDPギャップが最も正の方向に大きかった時期は1990年ごろ，負の方向に絶対値が大きかった時期は2009年ごろであることがわかる．前者の時期は，バブル景気といわれ株価や土地などの資産価格が高騰した時期であり，後者の時期は，米国の投資銀行の破綻により世界的な金融危機が起きた時期と一致している．そのような金融面の現象が実物経済に全く影響を及ぼさなかったとは考えにくい．しかし，実物変数だけしか含まないRBCモデルで

---

11) ソロー残差については，1章の1.4節参照.

図4.4 GDP ギャップ

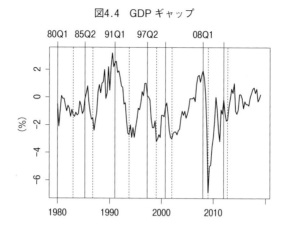

図4.5 稼働率指数（製造業）

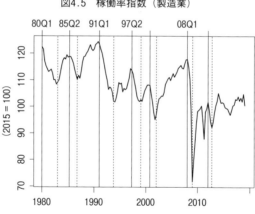

は，金融面の現象が実物経済に与える影響を分析に織り込むことができない．

　似たような指摘は，例えば図4.5の稼働率指数（経済産業省公表）を同時に見ることによっても可能である．GDP ギャップの大小と稼働率の高低の時期はおおむね一致しているように見えるが，稼働率の変動が技術水準の影響を直接受けたものであるかというと，論理に疑問がある．2000年代についていえば，稼働率指数が底を打ったのは2009年の第1四半期であるが，これは技術ショックというよりも輸出の減少，あるいはそれに起因する消費・投資の減少と

いう需要側の要因（むろんその背景には世界的な金融危機があったことは明白
であるが）から来たものである[12]．むしろ，稼働率などの影響を取り除いて
もなお説明できない部分が，真の意味での技術ショックの影響であろう．

　さらに，RBC モデルの想定では，実体経済に何らかのショックが起こった
際に，金融当局（中央銀行）が何ら対処しないか，あるいはその対処は全く効
果がないことになる．現実には実体経済に負のショックがあれば中央銀行は利
下げをし，正のショックがあれば利上げをして対処する．その対応には，ある
程度の効果があると考えられる．しかし，実物変数だけしか含まないRBC モ
デルでは，金融政策が実体経済にどのような影響を与えるのか，あるいは実際
に与えたのかを説明することができない．

　上記のような疑問は，RBC モデルが景気循環を技術ショックだけで説明し
ようとすることに起因し，ひいてはRBC モデルには実物変数だけしか含まれ
ないことに原因がある．もっとも，RBC モデルにインフレ率や政策金利とい
った名目変数を導入しようとする試みはその後多くなされており，一定の成果
を収めている．RBC モデルに対するインフレ率の導入方法は複数提案されて
いるが，そのうち比較的単純なやり方としてCIA（Cash In Advance）という
方法がある．さらに，やや手の込んだインフレ率の導入法として，価格の硬直
性，非伸縮性を導入するという方法がある．RBC モデルにCalvo 型価格設定
のような硬直価格理論を導入したモデルはニューケインジアン・モデルと呼ば
れ，現代のマクロ経済学における代表的な分析ツールの1つとなっている．こ
れらについて，5章で詳しく説明する．

◀ 4章の補遺 ▶

　RBC モデルの妥当性を巡る議論については，例えば加藤[2007]（文献[12]）の1章が詳し
い．

---

12) 2011年3月の東日本大震災直後の稼働率の落ち込みのほうが，技術ショックに近いと
　いえるかもしれない．なお，このRBC モデルでは貿易が存在しないか，あるいは純輸
　出が恒等的にゼロを仮定しており，輸出・輸入の内生化も課題の1つである．

第5章 ニューケインジアン・モデル

4章での RBC モデルの変数は全て実物変数であり，インフレ率や政策金利といった名目変数は含まれなかったが，モデルに工夫を加えることでそのような変数を内生化できる．5章では，インフレ率を内生化する方法の1つである CIA（Cash In Advance）モデルと，より一般的で，現在では最もメジャーなマクロ経済モデルの1つとなったニューケインジアン・モデルを紹介する[1]．

5.1 CIA モデル

CIA モデルは，RBC モデルでの家計の予算制約と別個に，CIA 制約と呼ばれる制約条件を加えることで構成できる．単純化のために，ここでは資本ストックのない消費財のみが存在するモデルを想定する．

5.1.1 モデルのセットアップ

代表的家計の生涯効用関数を，RBC モデルと同様に

$$U_t = \sum_{i=0}^{\infty} \beta^i [\ln(C_{t+i}) - \mu L_{t+i}^{\bar{i}+1}] \tag{5.1}$$

としよう．労働1単位当たりの名目賃金を W_t とし，家計は労働 L_t を供給す

1）ニューケインジアン（New Keynesian）とは新しいケインズ主義（者）の意．ケインズは20世紀前半の経済学者であり，マクロ経済学の確立者ともいわれる．

ることで労働所得 $W_t L_t$ を得るものとする．家計は，その所得と資産を名目消費 $P_t C_t$ と貨幣保有 M_t と債券保有 B_t のいずれかに振り分けるものとする．債券保有 B_t は名目建てで，名目利子率 i_t の利回りとし，名目貨幣保有 M_t には利子が付かないものとする．家計の t 期の予算制約は，

$$P_t C_t + M_t + B_t = W_t L_t + M_{t-1} + (1+i_{t-1})B_{t-1} \qquad (5.2)$$

となるが，これに加えて CIA 制約

$$P_t C_t = M_{t-1} \qquad (5.3)$$

がかかるものとする．すなわち，家計が当期に $P_t C_t$ だけ消費するには，前期末にそれと同額の名目貨幣 M_{t-1} を保有しなければならないという制約をかける（Cash In Advance 制約）．

この場合のラグランジアンは，2種類のラグランジュ乗数 $\tilde{\lambda}_t, \tilde{\xi}_t$ を用いて

$$\begin{aligned}
\Lambda = \sum_{i=t}^{\infty} \beta^{i-t} [&\ln(C_i) - \mu L_i^{\gamma+1} \\
&+ \tilde{\lambda}_i \{ W_i L_i + M_{i-1} + (1+i_{i-1})B_{i-1} - P_i C_i - M_i - B_i \} \\
&+ \tilde{\xi}_i \{ M_{i-1} - P_i C_i \}]
\end{aligned} \qquad (5.4)$$

と書ける．ラグランジアン Λ を C_t, L_t, M_t, B_t で偏微分しゼロと等号で結ぶことにより，最適化の一階条件が得られる．すなわち，

$$\frac{1}{C_t} - P_t \tilde{\lambda}_t - P_t \tilde{\xi}_t = 0 \qquad (5.5)$$

$$W_t \tilde{\lambda}_t - \mu L_t^{\gamma}(\gamma+1) = 0 \qquad (5.6)$$

$$\beta \tilde{\lambda}_{t+1} + \beta \tilde{\xi}_{t+1} - \tilde{\lambda}_t = 0 \qquad (5.7)$$

$$\beta(1+i_t)\tilde{\lambda}_{t+1} - \tilde{\lambda}_t = 0 \qquad (5.8)$$

が最適化の一階条件である．

次に，代表的企業の生産関数を

$$C_t = A_t L_t \qquad (5.9)$$

としよう．すなわち，企業は労働投入に比例する消費財を生産するとする．A_t は技術水準を意味する．消費財 C_t の1単位当たりの価格が P_t なので，企

業の利潤は

$$\Pi_t = P_t C_t - W_t L_t \tag{5.10}$$

と表される．したがって，利潤最大化の一階条件は，

$$P_t A_t - W_t = 0 \tag{5.11}$$

である．技術水準 A_t は，技術ショック ε_t を外生変数とし，RBC モデルの場合と同様，以下のような AR(1) 過程

$$\ln(A_{t+1}) = \rho_A \ln(A_t) + \varepsilon_{t+1} \tag{5.12}$$

に従うものとする．

中央銀行による名目貨幣供給は，以下のような過程

$$M_t = (1 + \zeta_t) M_{t-1} \tag{5.13}$$

に従うものとする．ここで，ζ_t は名目貨幣供給の増加率を意味する．ζ_t は ζ_{ss} を定常値とする AR(1) 過程

$$\zeta_{t+1} - \zeta_{ss} = \rho_\zeta (\zeta_t - \zeta_{ss}) + \upsilon_{t+1} \tag{5.14}$$

に従うものとしよう．υ_t は貨幣供給ショックを表す．

5.1.2 モデルの全体と定常状態

このモデルではインフレ率 $\pi_t = P_t / P_{t-1} - 1$ のみが定常値をもち，物価水準 P_t が定常値をもたないため，モデル全体を P_t を含まない形に書き換える必要がある．まず，$\lambda_t = P_t \tilde{\lambda}_t$，$\xi_t = P_t \tilde{\xi}_t$ という置き換えを行うと，(5.5) 式は

$$\frac{1}{C_t} - \lambda_t - \xi_t = 0 \tag{5.15}$$

と書ける．次に，$L_t = \frac{C_t}{A_t}$，$W_t = P_t A_t$ を用いて (5.6) 式より L_t, W_t を消去すると，

$$A_t \lambda_t - \mu \left(\frac{C_t}{A_t} \right)^\gamma (\gamma + 1) = 0 \tag{5.16}$$

<table>
</table>

表5.1 内生変数 | 表5.2 パラメータ

C_t	消費
i_t	名目利子率
A_t	技術水準
π_t	インフレ率
m_t	実質貨幣保有
ζ_t	名目貨幣供給の増加率
λ_t	ラグランジュ乗数（予算制約）
ξ_t	ラグランジュ乗数（CIA 制約）

β	割引因子
μ	労働の不効用の相対ウエイト
γ	労働供給の弾力性の逆数
ρ_A	AR(1)項の係数（技術水準）
ρ_ζ	AR(1)項の係数（名目貨幣供給）
ζ_{ss}	ζ_tの定常値

という式が得られる．同様に，(5.7)式，(5.8)式は，インフレ率 π_t を用いて

$$\beta\lambda_{t+1}+\beta\xi_{t+1}-(1+\pi_{t+1})\lambda_t = 0 \tag{5.17}$$

$$\beta(1+i_t)\lambda_{t+1}-(1+\pi_{t+1})\lambda_t = 0 \tag{5.18}$$

と書き換えられる．

次に，実質貨幣保有 $m_t = M_t/P_t$ を定義すると，CIA 制約(5.3)式と名目貨幣供給(5.13)式はそれぞれ

$$C_t = \frac{m_{t-1}}{1+\pi_t} \tag{5.19}$$

$$(1+\pi_t)m_t = (1+\zeta_t)m_{t-1} \tag{5.20}$$

と書ける．このほか，技術水準 A_t と名目貨幣供給の増加量 ζ_t の過程を再掲すると，

$$\ln(A_{t+1}) = \rho_A\ln(A_t)+\varepsilon_{t+1} \tag{5.12'}$$

$$\zeta_{t+1}-\zeta_{ss} = \rho_\zeta(\zeta_t-\zeta_{ss})+\upsilon_{t+1} \tag{5.14'}$$

であり，以上の合計8本の式をモデル方程式として用いる．内生変数は，表5.1に示す同数の8個である．うち，状態変数が技術水準 A_t，名目貨幣供給の増加率 ζ_t の2個で残りがジャンプ変数である．外生変数は，技術ショック ε_t と貨幣供給ショック υ_t の2個であり，パラメータは，表5.2に示す6個である．

定常状態における内生変数それぞれの値，つまり定常値は，(5.15) ～

(5.14')式の各内生変数を $C_t = C_{t+1} = C^*$ といった具合に置き換えることによって得られる8本の連立方程式を解くことによって得られ，具体的には

$$A^* = 1$$

$$\pi^* = \zeta^* = \zeta_{ss}$$

$$i^* = \frac{1-\beta+\zeta_{ss}}{\beta}$$

$$C^* = \left[\frac{\beta}{\mu(\gamma+1)(1+\zeta_{ss})}\right]^{\frac{1}{\gamma+1}}$$

$$m^* = (1+\zeta_{ss})C^*$$

$$\lambda^* = \frac{\beta}{(1+\zeta_{ss})C^*}$$

$$\xi^* = \left(\frac{1+\zeta_{ss}-\beta}{1+\zeta_{ss}}\right)\frac{1}{C^*}$$

である.

　このCIAモデルによるシミュレーション結果は，5.4節で説明するニューケインジアン・モデルによるそれと比較する形で5.5節で示すことにする.

5.2　数学の準備(4)：積分(定積分)

　5.3節の独占的競争モデルにおいて，積分を用いて説明する必要があるため，ここで積分の定義を与えておく．数学上，積分は和の極限として定義され，積分によって面積が定義される.

定義：積分

　関数 $f : \mathbb{R} \to \mathbb{R}$ が区間 $[a, b]$ で有限の値をとるものとする．区間 $[a, b]$ を $a = x_0 < x_1 < \cdots < x_n = b$ なる n 個の分点によって分割し，$\Delta x_i = x_i - x_{i-1}$ $(i = 1, 2, ..., n)$ と定義する．それぞれの区間 $[x_{i-1}, x_i]$ の中から任意に1点 z_i をとって和

$$S_n = \sum_{i=1}^{n} f(z_i)\Delta x_i \tag{5.21}$$

図5.1　積分と面積：グレーの部分の面積が S

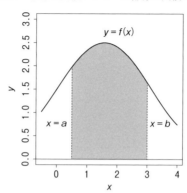

をとる．n の数を大きくし $d(\Delta) = \max \Delta x_i$（$\Delta x_i$ のうち最大のものを $d(\Delta)$ として定義するという意味である）をゼロに近づけたとき，分割の方法と z_i の選び方によらず S_n がある実数 S に収束する，すなわち

$$\lim_{d(\Delta) \to 0} \sum_{i=1}^{n} f(z_i) \Delta x_i = S \tag{5.22}$$

のとき，f は $[a, b]$ で積分可能であるといい，S を f の $[a, b]$ 上での（リーマン）積分という．

積分は，$\int$ という記号を用いて

$$S = \int_a^b f(x)dx \tag{5.23}$$

と表すことが多い．関数 $f(x)$ が区間 $[a, b]$ で正の有限の値をとるとき，x-y 平面において曲線 $y = f(x)$ と 3 つの直線 $y = 0$, $x = a$, $x = b$ に囲まれた部分の面積は $S = \int_a^b f(x)dx$ として定義される（図5.1）．関数 $f(x)$ が区間 $[a, b]$ で負の有限の値をとるときには，$S = \int_a^b f(x)dx$ が負値のため符号を逆にした $-S$ が面積として定義される．微分と積分には密接な関係があり，例えば，

$$\frac{d}{dt} \int_a^t f(x)dx = f(t) \tag{5.24}$$

である．以下の説明では，積分が"和の極限"であることがポイントとなる．

5.3 独占的競争モデル

価格の粘着性をモデルに導入するために不可欠な理論モデルである独占的競争モデルについて，あらかじめ詳細に説明しておこう．独占的競争モデルとは，財の供給者は多数存在するが，それぞれ他者と異なる財を生産するため，供給側が自由に価格を決定できるとするモデルである．

家計の効用関数を具体的に

$$C = \left[\int_0^1 c_j^{\frac{\eta-1}{\eta}} dj \right]^{\frac{\eta}{\eta-1}} \tag{5.25}$$

としよう．このような形式の効用関数を一般に CES（Constant Elasticity of Substitution：代替の弾力性一定）型効用関数と呼ぶ．積分で表すことからわかるように，経済には無限に多くの異なる種類の財が存在することを仮定している．

(5.25)式について理解を深めるため，積分の定義に立ち返り，いま経済には n 種類の財 $\{c_1, c_2, ..., c_n\}$ が存在するものとし，積分区間 $[0, 1]$ の分割は等間隔，すなわち分点のとり方を $\left\{0, \frac{1}{n}, \frac{2}{n}, ..., \frac{n}{n}\right\}$ としよう．このとき(5.25)式は，

$$C = \left[\lim_{n \to \infty} \sum_{j=1}^{n} \frac{c_j^{\frac{\eta-1}{\eta}}}{n} \right]^{\frac{\eta}{\eta-1}} \tag{5.26}$$

のように極限を使って表現できる．

財 c_j の価格を p_j とすると，家計の効用最大化問題は，費用最小化問題として，

$$\begin{aligned} &\min_{\{c_j\}} \quad \int_0^1 p_j c_j dj \\ &\text{s.t.} \quad C - \left[\int_0^1 c_j^{\frac{\eta-1}{\eta}} dj \right]^{\frac{\eta}{\eta-1}} = 0 \end{aligned} \tag{5.27}$$

と定式化できる．ラグランジュ乗数を ϕ とすると，ラグランジアンは，

$$\Psi = \int_0^1 p_j c_j dj + \phi \left[C - \left\{ \int_0^1 c_j^{\frac{\eta-1}{\eta}} dj \right\}^{\frac{\eta}{\eta-1}} \right] \tag{5.28}$$

と定義できる．最適化の一階の条件は $\frac{\partial \Psi}{\partial c_j} = 0$，すなわち

$$
\begin{aligned}
&\frac{\partial}{\partial c_j}\int_0^1 p_{j'}c_{j'}dj' - \psi\frac{\partial}{\partial c_j}\left[\int_0^1 c_{j'}^{\frac{\eta-1}{\eta}}dj'\right]^{\frac{\eta}{\eta-1}} = 0 \\
\Leftrightarrow \quad &p_j - \psi\left[\int_0^1 c_j^{\frac{\eta-1}{\eta}}dj\right]^{\frac{1}{\eta-1}}c_j^{-\frac{1}{\eta}} = 0 \\
\Leftrightarrow \quad &p_j - \psi C^{\frac{1}{\eta}}c_j^{-\frac{1}{\eta}} = 0 \\
\Leftrightarrow \quad &c_j = \left(\frac{p_j}{\psi}\right)^{-\eta}C
\end{aligned}
\tag{5.29}
$$

である（すぐ後の補足を参照）．$c_j = \left(\frac{p_j}{\psi}\right)^{-\eta}C$ を (5.25) 式に代入すると，

$$
\begin{aligned}
C &= \left[\int_0^1\left\{\left(\frac{p_j}{\psi}\right)^{-\eta}C\right\}^{\frac{\eta-1}{\eta}}dj\right]^{\frac{\eta}{\eta-1}} \\
&= \left(\frac{1}{\psi}\right)^{-\eta}\left[\int_0^1 p_j{}^{1-\eta}dj\right]^{\frac{\eta}{\eta-1}}C
\end{aligned}
\tag{5.30}
$$

で，これを ψ について解くと，

$$
\psi = \left[\int_0^1 p_j{}^{1-\eta}dj\right]^{\frac{1}{1-\eta}}
\tag{5.31}
$$

である．

　ところで，名目消費は $\int_0^1 p_j c_j dj$ で定義でき，(5.29) 式と (5.31) 式を用いると，

$$
\begin{aligned}
\int_0^1 p_j c_j dj &= \int_0^1\left[\left(\frac{p_j}{\psi}\right)^{-\eta}C\right]p_j dj = \psi^\eta\int_0^1 p_j{}^{1-\eta}dj C \\
&= \psi^\eta\psi^{1-\eta}C = \psi C
\end{aligned}
\tag{5.32}
$$

なので，ラグランジュ乗数 ψ は一般物価を表すことがわかる．また，集計された実質消費 C の定義も (5.25) 式でよいことがわかる．

　一方で，(5.29) 式の両辺の自然対数をとると，

$$
\ln(c_j) = -\eta\ln\left(\frac{p_j}{\psi}\right) + \ln(C)
\tag{5.33}
$$

で，C が一定として，c_j, p_j, ψ が c_j', p_j', ψ' に変化したとき，差分をとると

$$\ln(c_j') - \ln(c_j) = -\eta\left[\ln\left(\frac{p_j'}{\phi'}\right) - \ln\left(\frac{p_j}{\phi}\right)\right] \tag{5.34}$$

である．$\ln\left(\frac{p_j}{\phi}\right)$ は p_j の ϕ からの乖離率を表し，$\ln(c_j') - \ln(c_j)$ は c_j の変化率を表すので，p_j の一般物価からの乖離率の差に $-\eta$ を掛けた値が c_j の変化率に等しいことを示している．言い換えると，財 c_j に対する需要の価格弾力性が η であることを表している．

(5.29)式についての補足

(5.26)式を導出したのと同じような表現を用いると，

$$\int_0^1 p_j c_j dj = \lim_{n \to \infty} \sum_{k=1}^n \frac{p_k c_k}{n} \tag{5.35}$$

と表せる．したがって，

$$\frac{\partial}{\partial c_j}\int_0^1 p_{j'} c_{j'} dj' = \frac{\partial}{\partial c_j}\lim_{n \to \infty}\sum_{k=1}^n \frac{p_k c_k}{n} = \lim_{n \to \infty}\frac{p_j}{n} \tag{5.36}$$

である．一方で，

$$X = \int_0^1 c_j^{\frac{\eta-1}{\eta}} dj = \lim_{n \to \infty}\sum_{k=1}^n \frac{c_k^{\frac{\eta-1}{\eta}}}{n} \tag{5.37}$$

と定義すると，合成関数の微分法により

$$\frac{\partial}{\partial c_j}X^{\frac{\eta}{\eta-1}} = \frac{\partial X}{\partial c_j}\frac{\partial}{\partial X}X^{\frac{\eta}{\eta-1}} = \left(\lim_{n \to \infty}\frac{1}{n}\frac{\eta-1}{\eta}c_j^{-\frac{1}{\eta}}\right)\left(\frac{\eta}{\eta-1}X^{\frac{1}{\eta-1}}\right) \tag{5.38}$$

である．これらの結果をあわせると，(5.29)式の1行目は，

$$\begin{aligned}
&\lim_{n \to \infty}\frac{1}{n}\left(p_j - \phi X^{\frac{1}{\eta-1}}c_j^{-\frac{1}{\eta}}\right) = 0 \\
\Leftrightarrow\quad &p_j - \phi X^{\frac{1}{\eta-1}}c_j^{-\frac{1}{\eta}} = 0
\end{aligned} \tag{5.39}$$

と書き換えることができ，これに X を代入し直すと(5.29)式の2行目が得られる．

5.4　ニューケインジアン・モデル

　独占的競争モデルと後述のCalvo型価格設定モデルを組み合わせることで，CIAモデルのように貨幣をモデルに導入しなくとも，インフレ率を内生化することができる．代表的企業は必ずしも毎期価格を改定できないという仮定，すなわち価格が硬直性，非伸縮性を有するという仮定をおくことで，ニューケインジアン・モデルにおける物価は粘着性を示すようになる．簡単化のため，ここでは消費財のみ存在する（ただし，それぞれの企業が生産する消費財は差別化されている）モデルとするが，投資，資本ストックをモデルに導入したとしても本質的な部分には違いは生じない．

5.4.1　モデルのセットアップ
代表的家計
　代表的家計の生涯効用関数をRBCモデルの効用関数と，独占的競争モデルの効用関数を組み合わせた

$$U_t = \sum_{i=0}^{\infty} \beta^i [\ln(C_{t+i}) - \mu L_{t+i}^{\tau+1}] \tag{5.40}$$

$$C_t = \left[\int_0^1 c_{j,t}^{\frac{\eta-1}{\eta}} dj \right]^{\frac{\eta}{\eta-1}} \tag{5.41}$$

としよう．このとき，代表的家計の最適化行動は2段階に分かれる．家計は，第1段階で当期の消費 C_t の大きさに依存することなく費用を最小化するように，当期の消費に占める企業 j の生産する $c_{j,t}$ の割合を決め，第2段階で異時点の予算制約に基づき当期の消費 C_t を決定する．

　まず，第1段階での費用最小化行動は，財 $c_{j,t}$ の価格を $p_{j,t}$ とすると，

$$\min_{\{c_{j,t}\}} \int_0^1 p_{j,t} c_{j,t} dj \\ \text{s.t. } C_t - \left[\int_0^1 c_{j,t}^{\frac{\eta-1}{\eta}} dj \right]^{\frac{\eta}{\eta-1}} = 0 \tag{5.42}$$

と定式化できる．したがって，5.3節の結果をそのまま利用すると，一般物価 P_t と財 c_j に対する t 期の需要 $c_{j,t}$ は，それぞれ

$$P_t = \left[\int_0^1 p_{j,t}^{1-\eta} dj \right]^{\frac{1}{1-\eta}} \qquad (5.43)$$

$$c_{j,t} = \left(\frac{p_{j,t}}{P_t} \right)^{-\eta} C_t \qquad (5.44)$$

と表される.

　労働1単位当たりの名目賃金を W_t とし，家計は労働 L_t を供給することで労働所得 $W_t L_t$ を得て，その所得と資産を消費 C_t と債券保有 B_t のいずれかに振り分けるものとする．債券保有 B_t は名目建てで，名目利子率 i_t の利回りとする．名目利子率 i_t は，以下で説明するように中央銀行の金融政策により決定されるものとする．このとき，t 期の予算制約は，

$$P_t C_t + B_t = W_t L_t + (1+i_{t-1}) B_{t-1} + \tau_{f,t} \qquad (5.45)$$

と表される．RBC モデル，CIA モデルの場合と異なり，$\tau_{f,t}$ という項が加わるが，$\tau_{f,t}$ は独占的競争によって生じる企業の利潤の家計への移転を意味する．企業が家計によって所有されていると仮定されているためである．ただし，以下の式展開からもわかるように，家計の最適化行動には影響しない項である．

　家計の第2段階での効用最大化行動は，

$$\begin{aligned} \max_{\boldsymbol{C,L}} \ & \sum_{i=0}^{\infty} \beta^i [\ln(C_{t+i}) - \mu L_{t+i}^{\gamma+1}] \\ \text{s.t. } & C_i + \frac{B_i}{P_i} = \frac{W_i L_i}{P_i} + (1+i_{i-1}) \frac{B_{i-1}}{P_i} + \frac{\tau_{f,i}}{P_i}, \quad i \geq t \end{aligned} \qquad (5.46)$$

と定式化できる．予算制約は両辺を P_t で割って実質化した．λ_t をラグランジュ乗数とすると，ラグランジアンは，

$$\begin{aligned} \Lambda = \sum_{i=t}^{\infty} \beta^{i-t} \Big[& \ln(C_i) - \mu L_i^{\gamma+1} \\ & + \lambda_i \Big\{ \frac{W_i L_i}{P_i} + (1+i_{i-1}) \frac{B_{i-1}}{P_i} + \frac{\tau_{f,i}}{P_i} - C_i - \frac{B_i}{P_i} \Big\} \Big] \end{aligned} \qquad (5.47)$$

と定義できる．ラグランジアン Λ を C_t, L_t, B_t で偏微分しゼロと等号で結ぶことにより，最適化の一階条件が得られる．すなわち，

$$\frac{1}{C_t} - \lambda_t = 0 \tag{5.48}$$

$$\frac{W_t \lambda_t}{P_t} - \mu(\gamma+1)L_t^\gamma = 0 \tag{5.49}$$

$$\frac{\beta(i_t+1)\lambda_{t+1}}{P_{t+1}} - \frac{\lambda_t}{P_t} = 0 \tag{5.50}$$

が最適化の一階条件である.

企業：Calvo 型価格設定

財 $c_{j,t}$ を生産する企業 j の生産関数を

$$c_{j,t} = A_t L_{j,t} \tag{5.51}$$

としよう. A_t は各企業に共通する技術水準であり，これを所与として企業 j は労働投入 $L_{j,t}$ に比例する生産 $c_{j,t}$ を行う. 労働投入 1 単位に対する名目賃金は W_t なので，費用最小化行動は

$$\min_{L_{j,t}} \frac{W_t L_{j,t}}{P_t} \\ \text{s.t. } c_{j,t} = A_t L_{j,t} \tag{5.52}$$

と定式化できる. φ_t をラグランジュ乗数とすると，ラグランジアンは，

$$\Phi_t = \frac{W_t L_{j,t}}{P_t} + \varphi_t(c_{j,t} - A_t L_{j,t}) \tag{5.53}$$

と定義でき，一階の条件は $\frac{\partial \Phi_t}{\partial L_{j,t}} = 0$, すなわち

$$\varphi_t = \frac{W_t}{A_t P_t} \tag{5.54}$$

である. ここで，生産 1 単位当たりの名目の平均費用は，

$$\frac{W_t L_{j,t}}{c_{j,t}} = \frac{W_t}{A_t} \tag{5.55}$$

で表されるので，φ_t は生産 1 単位当たりの実質の平均費用を表す[2].

　独占的競争下では，企業は他者と異なる財を生産するため価格を自由に決定できるが，毎期価格改定できるわけではなく，ある一定の確率で t 期に価格改

定できるものとする（Calvo 型価格設定モデル）[3]．価格改定できない確率を ϱ とする（つまり $1-\varrho$ を価格改定できる確率とする）．企業は，もし当期に価格改定できるとすると，次に価格改定できるまでの利潤の割引現在価値を最大にするように当期の価格を決定すると考えられる．次に価格改定できるまでの利潤の t 期における割引現在価値は，当期の企業の販売価格を $p_{j,t}$ とすると，以下の

$$\Theta_{j,t} = \sum_{i=0}^{\infty} \frac{\varrho^i}{\prod_{k=1}^{i}(1+i_{t+k-1})}(p_{j,t}-P_{t+i}\varphi_{t+i})c_{j,t+i} \tag{5.57}$$

を最大化することによって最大になる[4]．$p_{j,t}$ が販売価格，$P_{t+i}\varphi_{t+i}$ が $t+i$ 期における名目の平均費用（(5.54)式，(5.55)式を参照），$c_{j,t+i}$ が販売数量であるため，$(p_{j,t}-P_{t+i}\varphi_{t+i})c_{j,t+i}$ は t 期から $t+i$ 期まで企業が価格を改定できなかった場合の $t+i$ 期の利潤を表す．$i=1$ とし，(5.44)式の結果を利用すると，

$$\begin{aligned}
&\varrho \frac{(p_{j,t}-P_{t+1}\varphi_{t+1})}{1+i_t}\left(\frac{p_{j,t}}{P_{t+1}}\right)^{-\eta}C_{t+1} \\
&+(1-\varrho)\frac{(p_{j,t+1}-P_{t+1}\varphi_{t+1})}{1+i_t}\left(\frac{p_{j,t+1}}{P_{t+1}}\right)^{-\eta}C_{t+1}
\end{aligned} \tag{5.58}$$

2）ラグランジュ乗数は，多くの場合単なる変数ではなく，経済学的な意味をもつ．例えば，(5.28)式のラグランジュ乗数 ψ は一般物価を表していた．(5.52)式のように生産関数を制約条件として企業の費用最小化行動を定式化すると，一般にラグランジュ乗数は企業の限界費用を表す．コブ・ダグラス型生産関数や(5.51)式のような生産量が労働投入に比例する生産関数の場合，企業が最適化行動をとるときには，限界費用は平均費用に一致する．

3）オリジナルは，Calvo, G. A. [1983] "Staggered Prices in a Utility-Maximizing Framework," *Journal of Monetary Economics*, Vol.12, No.3, pp.383-398. である．ある一定の確率で t 期に価格改定できるという Calvo 型の仮定に代えて，企業 j が二乗に比例する価格調整コストをもち，利潤

$$\sum_{i=0}^{\infty}\frac{1}{\prod_{k=1}^{i}(1+i_{t+k-1})}\left\{\left(p_{j,t+i}-P_{t+i}\varphi_{t+i}\right)c_{j,t+i}-\frac{\chi}{2}\left(\frac{p_{j,t+i}}{p_{j,t-1+i}}-1\right)^2 P_{t+i}C_{t+i}\right\} \tag{5.56}$$

を最大化すると仮定することによっても，ほぼ同様のニューケインジアン・フィリップス曲線を得ることができる（Rotemberg 型価格設定モデル）．

4）$\prod_{k=1}^{0}(1+i_{t+k-1})=1$ とする．

が $t+1$ 期の利潤の現在価値の期待値（平均）である．すなわち，第 1 項が来
期に価格改定できなかった場合（これは確率 ϱ で起こる）の現在価値，第 2 項
が来期に価格改定できた場合の現在価値（これは確率 $1-\varrho$ で起こる）を表
す．ところが，第 2 項の $p_{j,t+1}$ は企業が当期に価格 $p_{j,t}$ をいくらに決めるかに
よらず，自由に決めることができる．すなわち，第 2 項は企業が当期に価格
$p_{j,t}$ をいくらに決めるかには無関係であるため，無視できる[5]．$t+2$ 期，$t+3$
期，… についても同様に考えてゆくと，結局上記で定義した $\Theta_{j,t}$ を最大化す
ることによって企業の利潤の割引現在価値が最大になる．

(5.57)式に(5.44)式の結果を代入すると，

$$
\begin{aligned}
\Theta_{j,t} &= \sum_{i=0}^{\infty} \frac{\varrho^i}{\prod_{k=1}^{i}(1+i_{t+k-1})}(p_{j,t}-P_{t+i}\varphi_{t+i})\left(\frac{p_{j,t}}{P_{t+i}}\right)^{-\eta}C_{t+i} \\
&= \sum_{i=0}^{\infty} \frac{\varrho^i P_{t+i}}{\prod_{k=1}^{i}(1+i_{t+k-1})}\left(\frac{p_{j,t}}{P_{t+i}}-\varphi_{t+i}\right)\left(\frac{p_{j,t}}{P_{t+i}}\right)^{-\eta}C_{t+i}
\end{aligned} \tag{5.59}
$$

となるが，(5.48)式，(5.50)式より

$$
\frac{1}{1+i_t}\frac{P_{t+1}}{P_t} = \beta\left(\frac{C_t}{C_{t+1}}\right) \tag{5.60}
$$

なので（オイラー方程式），両辺を t から $t+i-1$ まで掛け合わせることによ
り，

$$
\begin{aligned}
&\frac{1}{\prod_{k=1}^{i}(1+i_{t+k-1})}\frac{P_{t+i}}{P_t} = \beta^i\left(\frac{C_t}{C_{t+i}}\right) \\
\Leftrightarrow\quad &\frac{P_{t+i}}{\prod_{k=1}^{i}(1+i_{t+k-1})} = \beta^i\left(\frac{C_t}{C_{t+i}}\right)P_t
\end{aligned} \tag{5.61}
$$

が得られる．したがって，(5.59)式は，

$$
\begin{aligned}
\Theta_{j,t} &= P_t\sum_{i=0}^{\infty}\varrho^i\beta^i\left(\frac{C_t}{C_{t+i}}\right)\left(\frac{p_{j,t}}{P_{t+i}}-\varphi_{t+i}\right)\left(\frac{p_{j,t}}{P_{t+i}}\right)^{-\eta}C_{t+i} \\
&= P_tC_t\sum_{i=0}^{\infty}\varrho^i\beta^i\left[\left(\frac{p_{j,t}}{P_{t+i}}\right)^{1-\eta}-\varphi_{t+i}\left(\frac{p_{j,t}}{P_{t+i}}\right)^{-\eta}\right]
\end{aligned} \tag{5.62}
$$

---

[5]　数学的な言葉で言い直すと，割引現在価値を $p_{j,t}$ で偏微分すると第 2 項はゼロになる
ため，無視できる．

と書き換えられる. $\Theta_{j,t}$ を $p_{j,t}$ で偏微分しゼロと等号で結ぶと,

$$P_t C_t \sum_{i=0}^{\infty} \varrho^i \beta^i \left[(1-\eta) \frac{p_{j,t}^{-\eta}}{P_{t+i}^{1-\eta}} + \eta \varphi_{t+i} \frac{p_{j,t}^{-\eta-1}}{P_{t+i}^{-\eta}} \right] = 0 \tag{5.63}$$

という一階の条件が得られる. (5.63)式は, 当期に価格改定できる企業にとって共通の条件であるため, $p_{j,t}$ から添え字 j を取って p_t^o を最適な価格とし, 整理すると,

$$\sum_{i=0}^{\infty} \varrho^i \beta^i (\eta-1) \frac{(p_t^o)^{-\eta}}{P_{t+i}^{1-\eta}} = \sum_{i=0}^{\infty} \varrho^i \beta^i \eta \varphi_{t+i} \frac{(p_t^o)^{-\eta-1}}{P_{t+i}^{-\eta}}$$

$$\Leftrightarrow \quad (\eta-1) \sum_{i=0}^{\infty} \varrho^i \beta^i P_{t+i}^{\eta-1} = \frac{\eta}{p_t^o} \sum_{i=0}^{\infty} \varrho^i \beta^i \varphi_{t+i} P_{t+i}^{\eta} \tag{5.64}$$

$$\Leftrightarrow \quad p_t^o \sum_{i=0}^{\infty} \varrho^i \beta^i P_{t+i}^{\eta-1} = \frac{\eta}{\eta-1} \sum_{i=0}^{\infty} \varrho^i \beta^i \varphi_{t+i} P_{t+i}^{\eta}$$

で, 両辺を P_t^{η} で割ってさらに整理すると,

$$\frac{p_t^o}{P_t} \sum_{i=0}^{\infty} \varrho^i \beta^i \left(\frac{P_{t+i}}{P_t} \right)^{\eta-1} = \frac{\eta}{\eta-1} \sum_{i=0}^{\infty} \varrho^i \beta^i \varphi_{t+i} \left(\frac{P_{t+i}}{P_t} \right)^{\eta}$$

$$\Leftrightarrow \quad \frac{p_t^o}{P_t} = \left(\frac{\eta}{\eta-1} \right) \frac{\sum_{i=0}^{\infty} \varrho^i \beta^i \varphi_{t+i} (P_{t+i}/P_t)^{\eta}}{\sum_{i=0}^{\infty} \varrho^i \beta^i (P_{t+i}/P_t)^{\eta-1}} \tag{5.65}$$

となる. ここで

$$F_t = \sum_{i=0}^{\infty} \varrho^i \beta^i \varphi_{t+i} \left(\frac{P_{t+i}}{P_t} \right)^{\eta} \tag{5.66}$$

と定義すると,

$$\begin{aligned}
F_t &= \varphi_t + \sum_{i'=1}^{\infty} \varrho^{i'} \beta^{i'} \varphi_{t+i'} \left(\frac{P_{t+i'}}{P_t} \right)^{\eta} \\
&= \varphi_t + \sum_{i=0}^{\infty} \varrho^{i+1} \beta^{i+1} \varphi_{t+i+1} \left(\frac{P_{t+i+1}}{P_t} \right)^{\eta} \\
&= \varphi_t + \varrho\beta \left(\frac{P_{t+1}}{P_t} \right)^{\eta} \sum_{i=0}^{\infty} \varrho^i \beta^i \varphi_{t+1+i} \left(\frac{P_{t+1+i}}{P_{t+1}} \right)^{\eta} \\
&= \varphi_t + \varrho\beta \left(\frac{P_{t+1}}{P_t} \right)^{\eta} F_{t+1}
\end{aligned} \tag{5.67}$$

という漸化式が得られる (1行目から2行目へは $i = i'-1$ という置き換えを

した）．同様に，

$$D_t = \sum_{i=0}^{\infty} \varrho^i \beta^i \left(\frac{P_{t+i}}{P_t} \right)^{\eta-1} \tag{5.68}$$

と定義すると，

$$D_t = 1 + \varrho\beta \left(\frac{P_{t+1}}{P_t} \right)^{\eta-1} D_{t+1} \tag{5.69}$$

である．（5.65）式自体は

$$\frac{p_t^o}{P_t} = \frac{\eta}{\eta-1} \frac{F_t}{D_t} \tag{5.70}$$

と表される．一方で，（5.43）式より

$$P_t^{1-\eta} = \int_0^1 p_{j,t}^{1-\eta} dj \tag{5.71}$$

であるが，当期において p_t^o に価格改定できる企業の割合が $1-\varrho$，前期の価格のままで据え置かれる企業の割合が ϱ であること，および積分が和の極限であることより，

$$\begin{aligned} P_t^{1-\eta} &= \int_0^1 \left[(1-\varrho)(p_t^o)^{1-\eta} + \varrho p_{j,t-1}^{1-\eta} \right] dj \\ &= (1-\varrho) \int_0^1 (p_t^o)^{1-\eta} dj + \varrho \int_0^1 p_{j,t-1}^{1-\eta} dj \\ &= (1-\varrho)(p_t^o)^{1-\eta} + \varrho P_{t-1}^{1-\eta} \end{aligned} \tag{5.72}$$

と表すことができる．

金融政策ルール

　名目利子率は，金融政策ルールの一種である Taylor ルールに従うものとしよう[6]．金融政策ルールとは，インフレ率や経済成長の安定化を目的として，マクロ経済の変動に応じて機械的に金融政策を運営する方式を数式により表現したものである．i_t を名目利子率，i^* を名目利子率の定常値，$\pi_t = \frac{P_t}{P_{t-1}} - 1$ を

6）"Taylor ルール" の元論文は，Taylor, J. B. [1993] "Discretion Versus Policy Rules in Practice," *Carnegie-Rochester Conference Series on Public Policy*, Vol.39, pp.195–214. である．念のため付言しておくと，テイラー展開のテイラーとは全くの別人である（テイラー展開は18世紀初頭のイギリスの数学者ブルック・テイラーの功績）．

インフレ率，Y_t，Y_t^{flex} をそれぞれ実質 GDP と景気中立的な GDP の水準とすると，Taylor ルールの下では，中央銀行は名目利子率を政策金利として

$$i_t = i^* + \phi_\pi \pi_t + \phi_y \ln\left(\frac{Y_t}{Y_t^{\text{flex}}}\right) \tag{5.73}$$

という式から決定する．Taylor ルールの係数は，中央銀行が何を目的関数として金融政策を実行するかによって変わりうるが，オリジナルの Taylor ルールのパラメータは $\phi_\pi = 1.5$, $\phi_y = 0.5$ である[7]．

右辺第 2 項は，足もとのインフレ率の大小に応じて政策金利を定常値 i^* からどの程度引き上げるか，引き下げるかを表している[8]．第 3 項は，

$$\ln\left(\frac{Y_t}{Y_t^{\text{flex}}}\right) = \ln\left(1 + \frac{Y_t - Y_t^{\text{flex}}}{Y_t^{\text{flex}}}\right) \simeq \frac{Y_t - Y_t^{\text{flex}}}{Y_t^{\text{flex}}} \tag{5.75}$$

で，GDP の景気中立的な水準からの乖離率，つまり GDP ギャップの大小に応じて，政策金利をどの程度調整するかを表している．

ここで，景気中立的な GDP の水準 Y_t^{flex} がどこであるかが問題になるが，ここでは仮に価格が伸縮的（flexible），つまり $\varrho = 0$ の場合の GDP の水準を景気中立的な GDP の水準とする．$\varrho = 0$ のとき，(5.64)式より

$$p_t^o P_t^{\eta-1} = \frac{\eta}{\eta-1}\varphi_t P_t^\eta \tag{5.76}$$

が企業にとっての利潤最大化条件になる．価格が伸縮的な場合には，毎期全ての企業が同じ価格に設定することから $p_t^o = P_t$ であり，このとき，

$$\varphi_t = \varphi^{\text{flex}} = \frac{\eta-1}{\eta} \tag{5.77}$$

7）中央銀行が一国の社会的厚生（social welfare）を最大化しようとする場合の最適な金融政策ルールについては，7 章で議論する．
8）ここではインフレ目標 π^T はゼロとしており，ゼロでない場合を含む一般的な書き方をすると，

$$i_t = i^* + \phi_\pi(\pi_t - \pi^T) + \phi_y \ln\left(\frac{Y_t}{Y_t^{\text{flex}}}\right) \tag{5.74}$$

となる．

が利潤最大化条件になる.

(5.54)式より $\frac{W_t}{P_t} = A_t\varphi_t$, 生産関数より $L_t = \frac{C_t}{A_t}$ なので, これらを(5.49)式に代入すると,

$$\frac{A_t\varphi_t}{C_t} - \mu(\gamma+1)\left(\frac{C_t}{A_t}\right)^\gamma = 0 \tag{5.78}$$

という消費, 技術水準と平均費用の関係を表す式が得られる. $\varphi_t = \varphi^{\text{flex}}$ のときの C_t を C_t^{flex} と書くことにすると, (5.78)式より

$$C_t^{\text{flex}} = A_t\left[\frac{\varphi^{\text{flex}}}{\mu(\gamma+1)}\right]^{\frac{1}{\gamma+1}} = A_t C^* \tag{5.79}$$

である[9]. 消費財のみ存在するこのモデルでは, GDP は消費に等しいため (つまり $Y_t = C_t$), この C_t^{flex} が価格が伸縮的な場合の GDP の水準となる.

ここでは, (5.73)式の Y_t, Y_t^{flex} をそれぞれ C_t, $C_t^{\text{flex}} = A_t C^*$ で置き換え, さらに金融政策ルールの誤差項 v_t を付加した

$$i_t = i^* + \phi_\pi \pi_t + \phi_y \ln\left(\frac{C_t}{A_t C^*}\right) + v_t \tag{5.80}$$

をモデル式として用いることにする. 金融政策ルールの誤差項は, 金融政策ショック z_t を外生変数として AR(1) 過程

$$v_{t+1} = \rho_v v_t + z_{t+1} \tag{5.81}$$

に従うものとする.

財市場の均衡と技術水準の遷移式

マクロの生産関数は, (5.51)式より

---

9) C^* は消費 C_t の定常値である. 5.4.2項で $C^* = \left[\frac{\eta-1}{\mu(\gamma+1)\eta}\right]^{\frac{1}{\gamma+1}}$ であることを確認する.

$$C_t = A_t L_t \tag{5.82}$$

である[10]. 技術水準 A_t は，技術ショック ε_t を外生変数とし，

$$\ln(A_{t+1}) = \rho_A \ln(A_t) + \varepsilon_{t+1} \tag{5.83}$$

という過程に従うものとする.

5.4.2 モデルの全体と定常値

CIA モデルと同様，P_t はそのままでは内生変数として取り扱えないため，上記で定義したインフレ率 π_t をモデル変数とする．オイラー方程式 (5.60) を π_t を使って表現すると，

$$(1+\pi_{t+1})\frac{C_{t+1}}{C_t} = \beta(1+i_t) \tag{5.84}$$

である．同じ理由で，p_t^o についても $\pi_t^o = \frac{p_t^o}{P_{t-1}} - 1$ をモデル変数とする．インフレ率を決める式は，(5.70) 式の変数を置き換えた

$$\frac{1+\pi_t^o}{1+\pi_t} = \frac{\eta}{\eta-1}\frac{F_t}{D_t} \tag{5.85}$$

と，F_t と D_t の漸化式

$$F_t = \varphi_t + \varrho\beta(1+\pi_{t+1})^\eta F_{t+1} \tag{5.67'}$$

$$D_t = 1 + \varrho\beta(1+\pi_{t+1})^{\eta-1}D_{t+1} \tag{5.69'}$$

と (5.72) 式の変数を置き換えた

$$(1+\pi_t)^{1-\eta} = (1-\varrho)(1+\pi_t^o)^{1-\eta} + \varrho \tag{5.86}$$

の 4 本である．名目利子率を決める Taylor ルールとその誤差項の遷移式を再掲すると，

$$i_t = i^* + \phi_\pi \pi_t + \phi_y \ln\left(\frac{C_t}{A_t C^*}\right) + v_t \tag{5.80'}$$

---

10) 正確には価格分散（price dispersion），つまり企業の価格設定のばらつきの分だけ両辺は異なるが，一次近似のレベルでは両辺は等しい．価格分散については 7 章の補論（7.3.2項）で詳しく議論する.

表5.3　内生変数	表5.4　パラメータ

C_t　消費	β　割引因子
φ_t　平均費用	μ　労働の不効用の相対ウエイト
π_t　$P_t/P_{t-1}-1$	γ　労働供給の弾力性の逆数
π_t^0　$p_t^0/P_{t-1}-1$	ϱ　価格改定できない確率
F_t　(5.66)式で定義	η　需要の価格弾力性
D_t　(5.68)式で定義	ϕ_π　金融政策ルールの係数（インフレ率）
A_t　技術水準	ϕ_y　金融政策ルールの係数（GDPギャップ）
i_t　名目利子率	ρ_A　AR(1)項の係数（技術水準）
v_t　金融政策ルールの誤差項	ρ_v　AR(1)項の係数（金融政策ルールの誤差項）

$$v_{t+1} = \rho_v v_t + z_{t+1} \qquad (5.81')$$

である．技術水準の遷移式は

$$\ln(A_{t+1}) = \rho_A \ln(A_t) + \varepsilon_{t+1} \qquad (5.83')$$

であり，消費，技術水準と平均費用の関係を表す(5.78)式を変形すると，

$$\varphi_t = \mu(\gamma+1)\left(\frac{C_t}{A_t}\right)^{\gamma+1} \qquad (5.87)$$

である．このニューケインジアン・モデルは以上の9本の方程式からなり，内生変数は表5.3に示す同数の9個である．うち，状態変数が技術水準 A_t，金融政策ルールの誤差項 v_t の2個で残りがジャンプ変数である．外生変数は技術ショック ε_t と金融政策ショック z_t の2個であり，パラメータは表5.4に示すとおりである．

定常状態における内生変数それぞれの値，つまり定常値は，(5.84)〜(5.87)式の各内生変数を $C_t = C_{t+1} = C^*$ といった具合に置き換えることによって得られる9本の連立方程式を解くことによって得られ，具体的には

$$\pi^* = \pi^{o*} = v^* = 0$$

$$i^* = \frac{1-\beta}{\beta}$$

$$D^* = \frac{1}{1-\varrho\beta}$$

$$F^* = \frac{\eta - 1}{\eta(1 - \varrho\beta)}$$

$$\varphi^* = \frac{\eta - 1}{\eta}$$

$$A^* = 1$$

$$C^* = \left[\frac{\eta - 1}{\mu(\gamma + 1)\eta}\right]^{\frac{1}{\gamma + 1}}$$

である.

5.5 インパルス応答

　この節では，CIA モデルとニューケインジアン・モデルの外生変数にそれぞれショックを加えることにより内生変数がどのように反応するかシミュレーションすることで，それぞれのモデルにどのような特徴があるのか比較してみよう.

5.5.1　パラメータの設定

　シミュレーションに先立ち，パラメータを設定しておく必要がある. まず，両方のモデルに共通するパラメータは，$\beta = 0.99$, $\mu = 1$, $\gamma = 5$, $\rho_A = 0.9$ とそれぞれおく. ニューケインジアン・モデルのみのパラメータは $\varrho = 0.9$, $\eta = 10$, $\phi_\pi = 1.5$, $\phi_y = 0.5$, $\rho_v = 0.7$ とおき，CIA モデルのみのパラメータについては $\rho_\xi = 0.7$, $\zeta_{ss} = 0$ とおく. 現実のデータからもっともらしいパラメータを推定することもできるが（脚注11参照），ここではモデルの一般的な挙動を確認するという目的から，このような仮設のパラメータを用いる.

5.5.2　シミュレーション結果

　両方のモデルにおいて，$t = 1$ で ＋1％ の技術ショックが起こった場合のインパルス応答を定常値からの乖離で表すと図5.2のようになる. 実線がニューケインジアン・モデルのインパルス応答を，点線が CIA モデルのインパルス応答を表す. フィッシャー方程式（5.6.2項参照）より実質利子率

図5.2　技術ショックに対するインパルス応答
（定常値からの乖離率（i_t, π_t, r_tは乖離差），単位%）

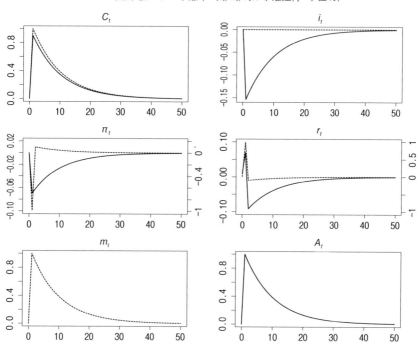

注）実線がニューケインジアン・モデルのインパルス応答，点線がCIAモデルのインパルス応答を表す（π_t, r_tの点線のみ右軸）．

$$r_t = i_t - \pi_{t+1} \tag{5.88}$$

を定義して，あわせて図示した．

　まず指摘できるのが，インフレ率π_tがニューケインジアン・モデルとCIAモデルで異なる動きをするということである．ニューケインジアン・モデルでは，正の技術ショックにより企業の生産コストが下落するため，価格改定できる企業は販売価格を下げようとする．そのため，インフレ率が下落する．ただし，全ての企業が一度に価格改定できるわけではないので，物価は粘着的な動きをする．これに対して，CIA モデルでの物価はこのような粘着性を有しない．正の技術ショックによる生産，消費C_tの増加は実質貨幣需要m_tを増加

図5.3 金融政策ショック，貨幣供給ショックに対するインパルス応答
（定常値からの乖離率（i_t, π_t, r_t は乖離差），単位％）

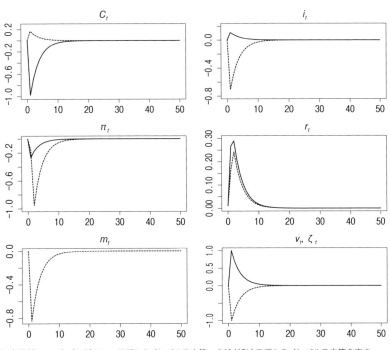

注）実線がニューケインジアン・モデルのインパルス応答，点線がCIAモデルのインパルス応答を表す.

させるが，名目貨幣供給は一定である．その分が物価下落によって吸収される
が，調整を妨げるようなメカニズムは存在しないため，調整は1期で終わり物
価は粘着的な動きをしない.

名目利子率 i_t の動きも両方のモデルで大きく異なる．CIA モデルでは，名
目利子率の変化幅がゼロであることから，実質貨幣需要の変化が物価上昇のみ
に吸収され，他の変数に影響しないことがわかる．一方，ニューケインジア
ン・モデルでは，Taylor ルールに従いインフレ率の下落に対応して名目利子
率は下落する．もっとも，実質利子率 r_t の変化方向は両者とも似通っている.

次に，ニューケインジアン・モデルにおいて $t=1$ で ＋1％ の金融政策シ
ョックが，CIA モデルにおいて $t=1$ で －1％ の貨幣供給ショックが起こっ
たときのインパルス応答を定常値からの乖離で表すと図5.3のようになる．数

値上の正負は逆であるが，どちらも金融引き締めを意味する．

　一見して明らかなように，金融引き締めは両者のモデルでインフレ率，実質利子率に対して似通った影響を与えるが，消費，生産に対してむしろ逆の影響を及ぼす．すなわち，金融引き締めはニューケインジアン・モデルでは消費，生産を下落させるが，CIA モデルではむしろ消費，生産に正の影響をもたらす．ニューケインジアン・モデルでは，正の金融政策ショックにより実質利子率が上昇し，それがオイラー方程式を通じて消費を下落させる．これに対して，CIA モデルでは，金融引き締めによる実質利子率の上昇が物価と名目利子率の下落を引き起こし，より低い名目利子率は貨幣保有の機会費用を減少させ，むしろ消費を増加させる．

　どちらの反応が自然であるかが問題となるが，一般的には金融引き締めは生産を下落させると考えられるので，CIA モデルの反応は通常の感覚には合わない．原因を辿ると，そもそも CIA 制約 $P_t C_t = M_{t-1}$ 自体がアド・ホックな仮定であり，これがオイラー方程式を歪めている．また，CIA モデルでは物価が伸縮的，非粘着的で即座に価格調整が行われてしまうので，Taylor ルールのような金融政策ルールを内生化できないという別の問題が存在する．

　ニューケインジアン・モデルは，CIA モデルと比較すると複雑であるが，価格の硬直性といった工夫を加えることにより，Taylor ルールのようなもっともらしい金融政策ルールを RBC モデルに組み込むことを可能にしたと評価できる．これにより，例えば，中央銀行の金融政策の最適ルールが理論的に分析可能になった（7 章で確認する）．さらには，ニューケインジアン・モデルを用いて実際にどのようなルールで金融政策が行われていたのかを明らかにするために，Taylor ルールのパラメータ ϕ_π, ϕ_y をその他のパラメータも含めて同時に統計的に推定するという実証分析も多く行われている[11]．

11）このような実証分析に用いられる異時点間の最適化を織り込んだ動学的一般均衡モデルは，動学的・確率的一般均衡モデル（DSGE モデル）と呼ばれる．具体的なやり方については 8 章を参照．

5.6 5章の補論

5.6.1 モデルの対数線型化

ニューケインジアン・モデルのようなやや複雑なモデルに対して，対数線型化（対数線型近似）という操作を行うとモデルが簡単になり，変数相互間の関係がより直感的に把握できるようになる．

対数線型化 ♠

対数線型化の対数化とは，正の値のみをとる変数 Z_t を $\tilde{Z}_t = \ln(Z_t) \Leftrightarrow \exp(\tilde{Z}_t) = Z_t$ と変数変換する操作を意味し，線型化とはモデルの各方程式を定常状態の周りで一次のテイラー展開（1.2.5項参照）することによる一次近似を意味する[12]．インフレ率や利子率については，$\tilde{\Pi}_t = \ln(1+\pi_t)$, $\tilde{I}_t = \ln(1+i_t)$ と 1 を加えてから変数変換する．オイラー方程式（5.84）を例にとると，まず変数変換により

$$\exp(\tilde{\Pi}_{t+1})\exp(\tilde{C}_{t+1}-\tilde{C}_t)-\beta\exp(\tilde{I}_t) = 0 \tag{5.89}$$

となり，左辺は $f(\tilde{C}_{t+1}, \tilde{C}_t, \tilde{\Pi}_{t+1}, \tilde{I}_t)$ と書ける．これを $\tilde{C}_{t+1} = \tilde{C}_t = \tilde{C}^* = \ln(C^*)$, $\tilde{\Pi}_{t+1} = \ln(1+\pi^*) = 0$, $\tilde{I}_t = \tilde{I}^* = \ln(1+i^*) = -\ln(\beta)$ の周りでテイラー展開して 0 と等号で結ぶと，

$$\tilde{\Pi}_{t+1}+(\tilde{C}_{t+1}-\tilde{C}^*)-(\tilde{C}_t-\tilde{C}^*)-\beta\exp(\tilde{I}^*)(\tilde{I}_t-\tilde{I}^*) = 0$$
$$\Leftrightarrow \quad \ln(1+\pi_{t+1})+[\ln(C_{t+1})-\ln(C^*)]-[\ln(C_t)-\ln(C^*)] \tag{5.90}$$
$$-[\ln(1+i_t)-\ln(1+i^*)] = 0$$

で，$\ln(1+\pi_{t+1}) \simeq \pi_{t+1}$ といった一次近似をすると，

$$\pi_{t+1}+[\ln(C_{t+1})-\ln(C^*)]-[\ln(C_t)-\ln(C^*)]-(i_t-i^*) = 0 \tag{5.91}$$

となる．さらに，$\hat{c}_{t+1} = \ln(C_{t+1})-\ln(C^*)$, $\hat{c}_t = \ln(C_t)-\ln(C^*)$, $\hat{i}_t = i_t-i^*$ と

---

[12] 対数化の目的は，定常値からの乖離が大きくなった際の近似精度を良くするためである．

いう変数を定義して置き換えると,

$$\pi_{t+1} + \hat{c}_{t+1} - \hat{c}_t - \hat{i}_t = 0 \tag{5.92}$$

と簡単になる. $\hat{c}_{t+1}$, $\hat{c}_t$ は消費の定常値からの乖離率, $\hat{i}_t$ は名目利子率の定常値からの乖離差を表す.

実用上は, 関数 $\exp(z)$ の a の周りでの一次のテイラー展開が

$$\exp(z) \simeq \exp(a) + \exp(a)(z - a) \tag{5.93}$$

で与えられることから, $z = \ln(Z_t)$, $a = \ln(Z^*)$ を代入した後, 両辺から Z^* を引いて Z^* で割り, $\hat{z}_t = \ln(Z_t/Z^*)$ を用いると

$$\frac{Z_t - Z^*}{Z^*} \simeq \hat{z}_t \tag{5.94}$$

となること, したがって

$$Z_t \simeq Z^*(1 + \hat{z}_t) \tag{5.95}$$

と近似できることを用いるほうが計算が簡単である. また,

$$Z_t^{\alpha} \simeq (Z^*)^{\alpha}(1 + \alpha \hat{z}_t) \tag{5.96}$$

であることも簡単に確かめられる. 各式の変数 Z_t を $Z^*(1 + \hat{z}_t)$, Z_t^{α} を $(Z^*)^{\alpha}(1 + \alpha\hat{z}_t)$ で置き換え, 二次の項を落とすことで, 対数線型近似が得られる.

(5.85)~(5.86)式を対数線型化すると,

$$\pi_t^o - \pi_t = \widehat{F}_t - \widehat{D}_t \tag{5.97}$$

$$\pi_t = (1 - \varrho)\pi_t^o \tag{5.98}$$

$$\widehat{F}_t = (1 - \varrho\beta)\widehat{\varphi}_t + \varrho\beta(\eta\pi_{t+1} + \widehat{F}_{t+1}) \tag{5.99}$$

$$\widehat{D}_t = \varrho\beta[(\eta - 1)\pi_{t+1} + \widehat{D}_{t+1}] \tag{5.100}$$

が得られる. (5.97)式に(5.99)式と(5.100)式を代入して整理すると,

$$\pi_t^o - \pi_t = (1-\varrho\beta)\widehat{\varphi}_t + \varrho\beta\pi_{t+1} + \varrho\beta(\widehat{F}_{t+1} - \widehat{D}_{t+1})$$
$$= (1-\varrho\beta)\widehat{\varphi}_t + \varrho\beta\pi_{t+1} + \varrho\beta(\pi_{t+1}^o - \pi_{t+1}) \qquad (5.101)$$
$$= (1-\varrho\beta)\widehat{\varphi}_t + \varrho\beta\pi_{t+1}^o$$

で，さらに(5.98)式を用いて $\pi_t^o \left(= \frac{\pi_t}{1-\varrho}\right)$ を消去すると，

$$\pi_t = \frac{(1-\varrho)(1-\varrho\beta)}{\varrho}\widehat{\varphi}_t + \beta\pi_{t+1} \qquad (5.102)$$

と整理できる．一方で，(5.87)式を対数線型化すると，

$$\widehat{\varphi}_t = (\gamma+1)(\hat{c}_t - \hat{a}_t) \qquad (5.103)$$

となる．ただし，$\hat{a}_t = \ln(A_t)$ とおいた．(5.79)式を用いると，

$$\hat{c}_t - \hat{a}_t = \ln(C_t) - \ln(C^*) - \ln(A_t) = \ln(C_t) - \ln(C_t^{\text{flex}}) \qquad (5.104)$$

なので，$\hat{c}_t - \hat{a}_t$ は，C_t の景気中立的な水準 C_t^{flex} からの乖離率であり，このモデルでは消費と GDP が等しいことから GDP ギャップを表す．以下では

$$\hat{x}_t = \hat{c}_t - \hat{a}_t \qquad (5.105)$$

とおく．さらに $\kappa = \frac{(1-\varrho)(1-\varrho\beta)(\gamma+1)}{\varrho}$ とパラメータを再定義して(5.102)式を書き直すと，

$$\pi_t = \beta\pi_{t+1} + \kappa\hat{x}_t \qquad (5.106)$$

というニューケインジアン・フィリップス曲線 (New Keynesian Phillips Curve) が得られる[13].

一方で，対数線型近似したオイラー方程式(5.92)を，GDP ギャップ $\hat{x}_t$ と新たに定義する

---

13) ニューケインジアン・フィリップス曲線の名称は，Alban W. Phillips が発見したインフレ率と失業率との間の関係を表すフィリップス曲線にちなむ．

$$\hat{r}_t^n = \hat{a}_{t+1} - \hat{a}_t \tag{5.107}$$

を用いて表すと,

$$\hat{x}_t = \hat{x}_{t+1} - (\hat{i}_t - \pi_{t+1} - \hat{r}_t^n) \tag{5.108}$$

というニューケインジアン IS 曲線 (New Keynesian IS Curve) が得られる[14]. 技術水準の遷移式(5.83)を対数線型化すると,

$$\hat{a}_{t+1} = \rho_A \hat{a}_t + \varepsilon_{t+1} \tag{5.109}$$

である. t 時点では ε_{t+1} が未実現なのでゼロとおくと, (5.107)式は

$$\hat{r}_t^n = (\rho_A - 1)\hat{a}_t \tag{5.110}$$

と書き直せる. この $\hat{r}_t^n$ は自然利子率 (natural rate) と呼ばれる (ここではハット付きなので, 正確にはその定常値からの乖離差である). 自然利子率と呼ばれる理由は, $\hat{r}_t^n$ が実質利子率 $\hat{i}_t - \pi_{t+1}$ と等しいとき, 常に GDP ギャップ $\hat{x}_t$ がゼロとなるためである. $\hat{i}_t - \pi_{t+1}$ が実質利子率であることの説明は, 5.6.2 項で詳述する. 同様に, Taylor ルール(5.80)式を $\hat{x}_t$ を用いて表すと,

$$\hat{i}_t = \phi_\pi \pi_t + \phi_y \hat{x}_t + v_t \tag{5.111}$$

である. 金融政策ルールの誤差項の遷移式(5.81)の操作は不要である.

対数線型化したニューケインジアン・モデル

対数線型化したニューケインジアン・モデルは,

$$\hat{x}_t = \hat{x}_{t+1} - (\hat{i}_t - \pi_{t+1} - \hat{r}_t^n) \tag{5.108'}$$

$$\pi_t = \beta \pi_{t+1} + \kappa \hat{x}_t \tag{5.106'}$$

$$\hat{i}_t = \phi_\pi \pi_t + \phi_y \hat{x}_t + v_t \tag{5.111'}$$

$$v_{t+1} = \rho_v v_t + z_{t+1} \tag{5.81''}$$

---

14) IS 曲線はケインズ経済学では財市場の均衡を表すとされる (I は Investment, S は Saving の頭文字).

$$\hat{a}_{t+1} = \rho_A \hat{a}_t + \varepsilon_{t+1} \qquad (5.109')$$

$$\hat{r}_t^n = (\rho_A - 1)\hat{a}_t \qquad (5.110')$$

という6本の方程式からなる[15]. $\hat{x}_t$ は GDP（このモデルでは消費に等しい）の景気中立的な水準からの乖離率，つまり GDP ギャップである.

(5.108')式はニューケインジアン IS 曲線（New Keynesian IS Curve），(5.106')式はニューケインジアン・フィリップス曲線（New Keynesian Phillips Curve）と呼ばれる. 例えば，(5.106')式から，当期のインフレ率は，1期先の物価上昇率 π_{t+1} と当期の $\hat{x}_t$ から決定されることがわかる. 1期先のインフレ率は期待インフレ率でもあり，(5.108')式の右辺の $i_t - \pi_{t+1}$ は，名目利子率 − 期待インフレ率であるから実質利子率を意味する[16]. したがって，実質利子率の上昇は当期の GDP ギャップ $\hat{x}_t$ の下落を引き起こす. $\hat{r}_t^n$ は自然利子率（natural rate）の定常値からの乖離差である.

(5.108')〜(5.110')式からなるモデルは，見た目は大きく異なるが，対数線型近似に起因する誤差を除けば5.4節のモデルと同等である. したがって，このモデルを用いても図5.2，図5.3とほぼ同様のインパルス応答が描ける. 非線型のモデルは複雑なため，現実のデータからパラメータの値を統計的に推定する場合には，あらかじめモデルを対数線型化しておく場合が多い.

5.6.2 フィッシャー方程式

本論では簡単化のため，消費財のみ存在するモデルとしたが，RBC モデルと同様に投資と資本ストックが内生化されたモデルに拡張した場合，名目利子率とは別に実質利子率が定義される. ここでは，代表的企業の生産関数をやや抽象化して

$$Y_t = f(A_t, K_{t-1}, L_t) \qquad (5.112)$$

---

15) $\ln(A_t) = \hat{a}_t$, $\hat{x}_t = \hat{c}_t - \hat{a}_t = [\ln(C_t) - \ln(C^*)] - \hat{a}_t$, $\hat{i}_t = i_t - i^*$, $\kappa = \frac{(1-\varrho)(1-\varrho\beta)(\gamma+1)}{\varrho}$ という置き換えをしている. なお，対数線型化したモデルでは，パラメータ μ, η が識別不可能になる.

16) 正確には，$\hat{i}_t$ は名目利子率の定常値からの乖離差であるから，$\hat{i}_t - \pi_{t+1}$ は実質利子率の定常値からの乖離差である. 実質利子率については，次項も参照.

としよう.

　代表的家計は t 期初に資本ストック K_{t-1} を有し,それを企業に資本の限界生産力に等しいレンタルプライスで貸し出すものとする.また,家計は企業に労働 L_t を供給することで労働の限界生産力に等しい賃金を得るものとする.家計はその資産と当期の所得を消費 C_t,債券保有 B_t,資本ストックの保有 K_t のいずれかに振り分けるものとする.債券保有 B_t は名目建てで,名目利子率 i_t の利回りとし,資本の減耗率を δ とする.このとき,t 期の予算制約は,実質建てで

$$C_t+\frac{B_t}{P_t}+K_t=f_L(A_t,K_{t-1},L_t)L_t+(1+i_{t-1})\frac{B_{t-1}}{P_t}$$
$$+[1+f_K(A_t,K_{t-1},L_t)-\delta]K_{t-1}+\frac{\tau_{f,t}}{P_t} \tag{5.113}$$

と書ける(f_L, f_K はそれぞれ f の L_t, K_{t-1} による偏微分).このとき,ラグランジアンは,

$$\Lambda=\sum_{i=t}^{\infty}\beta^{i-t}\Bigg[\ln(C_i)-\mu L_i^{\gamma+1}+\lambda_i\bigg\{f_L(A_i,K_{i-1},L_i)L_i+(1+i_{i-1})\frac{B_{i-1}}{P_i}$$
$$+(1+f_K(A_i,K_{i-1},L_i)-\delta)K_{i-1}-C_i-\frac{B_i}{P_i}-K_i+\frac{\tau_{f,i}}{P_i}\bigg\}\Bigg] \tag{5.114}$$

と定義でき,ラグランジアンを C_t,L_t,B_t,K_t で偏微分しゼロと等号で結ぶことで一階の条件が得られる.このうち,$\frac{\partial\Lambda}{\partial B_t}=0$, $\frac{\partial\Lambda}{\partial K_t}=0$ は

$$\frac{\beta(i_t+1)\lambda_{t+1}}{P_{t+1}}-\frac{\lambda_t}{P_t}=0 \tag{5.115}$$
$$\beta[f_K(A_{t+1},K_t,L_{t+1})+1-\delta]\lambda_{t+1}-\lambda_t=0 \tag{5.116}$$

で,ここで資本の限界生産力を

$$r_{t-1}=f_K(A_t,K_{t-1},L_t) \tag{5.117}$$

とおき,λ_t, λ_{t+1} を消去して整理すると,フィッシャー方程式

$$r_t-\delta=i_t-\pi_{t+1} \tag{5.118}$$

が得られる[17].

この章のモデルは，Walsh［2017］（文献[10]）の3章，6章，8章を参考にした．

17）もっとも，$r_t = f_K(A_t, K_{t-1}, L_t)$とおくほうが自然なので，実際のモデルにはフィッシャー方程式

$$r_{t+1} - \delta = i_t - \pi_{t+1} \tag{5.119}$$

という形で現れることのほうが多い．また，資本のないモデルでは，$i_t - \pi_{t+1}$が実質利子率と解される．なお，フィッシャー方程式の名称は19世紀末から20世紀前半に活躍した経済学者であるアーヴィング・フィッシャーにちなんで名付けられたものである．

第6章 動的計画法とモデルの再帰的表現

ここまでラムゼイモデル，RBC モデル，ニューケインジアン・モデルなどの異時点間の最適化を織り込んだ動学的一般均衡モデルを紹介してきたが，その解き方としてラグランジュの未定乗数法により連立方程式を導出し，遠い将来に定常状態に至るという仮定の下で解くという方法を採用してきた．主としてこの方法が最も数学的に簡単であるという理由からだが（方法の比較は6.5節参照），ここで問題となるのはなぜ「遠い将来に定常状態に至る」と仮定してよいかである．実際，これまで紹介してきた動学的一般均衡モデルにおいてその仮定は妥当であるのだが，それを議論するにはラグランジュの未定乗数法に代えてベルマン方程式という式を用いた最適化手法（動的計画法）を用いる必要がある．

6.1 ベルマン方程式を用いた最適化手法

6.1.1 ベルマン方程式

ベルマン方程式とは，以下のような離散時間の動的計画問題

$$\max_{x} \sum_{i=0}^{\infty} \beta^i U(x_{t+i})$$
$$\text{s.t.} \quad s_{i+1} = g(s_i, x_i), \quad i \geq t \tag{6.1}$$

を解く際に用いる方程式をいう．ここでは s_t, x_t はベクトルでなくそれぞれ 1 変数とする．s_t が状態変数，x_t がジャンプ変数にあたる[1]．

2 章以降これらの用語はすでに用いているが，改めて整理しておこう．一般に，最適化モデルに含まれる変数は内生変数と外生変数に区別でき，内生変数

はさらに状態変数とそれ以外のジャンプ変数に区別できる.

$$
\left.
\begin{array}{l}
\text{内生変数} \left\{
\begin{array}{l}
\text{状態変数 } s_t \\
\text{ジャンプ変数 } x_t
\end{array}
\right. \\
\text{外生変数}
\end{array}
\right.
$$

状態変数とは, 最適化行動しようとする主体が間接的にしかコントロールでき
ないか, あるいは全くコントロールできない変数をいう. 状態変数は先決変数
とも呼ばれ, 前期の状態と行動に基づき先決的に決定される. 上記の
$s_{t+1} = g(s_t, x_t)$ のように, 遷移式により決定されるという特徴がある. ジャン
プ変数は状態変数以外の内生変数であり, 当期の状態を所与とした最適化行動
の結果として決定される. ジャンプ変数は操作変数 (control variable) とも呼
ばれる. これらに対して, 外生変数は内生変数の値を求めるためにあらかじめ
何らかの値を与えておく必要のある変数のことであるが, 本章で考える動的計
画問題には外生変数は含まれないものとする. この場合, シミュレーションは
状態変数の初期値を変えることにより行う.

　ここで, 価値関数 $V(s_t)$ を

$$
V(s_t) = \max_x \sum_{i=0}^{\infty} \beta^i U(x_{t+i}) \tag{6.2}
$$

と定義する. すなわち, 価値関数とは動的計画問題の目的関数 $\sum_{i=0}^{\infty} \beta^i U(x_{t+i})$
のとりうる最大値を状態変数 s_t の関数として表したものである. 一般に, 外
生変数が存在しなければ, 動的計画問題の目的関数のとりうる最大値は状態変
数の初期値のみによって決まる[2]. (6.2)式は, 目的関数が時間について加法
的であるため, 1期先の価値関数 $V(s_{t+1}) = V(g(s_t, x_t))$ を用いて,

$$
V(s_t) = \max_{x_t} \{ U(x_t) + \beta V(g(s_t, x_t)) \} \tag{6.3}
$$

---

1) 状態変数, ジャンプ変数の一方もしくは両方がベクトルの場合のベルマン方程式は,
　6.4.2項で議論する.
2) ラムゼイモデルを例にとると, 外生ショックが全く存在しなければ, 効用のとりうる
　最大値は初期の資本ストックの大きさのみによって決まる.

と再帰的な形式に書き直すことができ，これをベルマン方程式という[3]．ベルマン方程式は，変数ではなく関数を解とする関数方程式であり，両辺に出てくる関数 V がその解となる関数である．

外生変数が存在しなければ，最適なジャンプ変数 x_t の値は当期の状態 s_t のみによって決まり，そのような関数 $h : S \ni s_t \mapsto x_t \in \mathbb{R}$ を方策関数（policy function）と呼ぶ．つまり，ジャンプ変数のとる値を状態変数の関数として表したものが方策関数で，argmax という数学記号を用いて

$$h(s_t) = \underset{x_t}{\mathrm{argmax}} \{U(x_t) + \beta V(g(s_t, x_t))\} \tag{6.4}$$

と表せる[4]．方策関数 h は，

$$V(s_t) = U(h(s_t)) + \beta V(g(s_t, h(s_t))) \tag{6.5}$$

という関係を満たす．(6.4)式もしくは(6.5)式の関係を用いて関数 h を求めることもできるが，多くの場合，解析的に求めることは不可能であり，それを具体的に求めたい場合には，関数 h を他の関数で近似する必要がある[5]．

6.1.2 ラグランジュの未定乗数法との関係

これまで，(6.1)のような最適化問題に対して，ラグランジュの未定乗数法により最適化の条件を導出してきたが，ベルマン方程式(6.3)を用いても全く同じ式を導出することができる．まず，ベルマン方程式(6.3)の右辺の括弧内のジャンプ変数 x_t による微分がゼロに等しいこと，すなわち

$$U'(x_t) + \beta V'(g(s_t, x_t))g_x(s_t, x_t) = 0 \tag{6.6}$$

が最適化の一階条件である．次に，包絡線定理（Envelope theorem）と呼ば

3）このように再帰表現できるのは，いま考えている問題が無限期間の動的最適化問題だからである．この場合，価値関数 V の形が時間 t に依存しなくなる．有限期間の動的最適化問題の場合には，ベルマン方程式に現れる価値関数は時間にあらわに依存する．

4）その意味は，他の条件が同じならば，同じ状態が複数回起こったときには同じ行動をとるはずだということである．

5）線型近似やチェビシェフ近似など．詳しくは後述．

れる定理から，価値関数 $V(s_t)$ の微分がベルマン方程式(6.3)の右辺の括弧内
の s_t による偏微分に等しいこと，すなわち

$$V'(s_t) = \beta V'(g(s_t, x_t)) g_s(s_t, x_t) \tag{6.7}$$

が成り立つことが知られている[6]．ただし，$g_x = \frac{\partial g}{\partial x}$, $g_s = \frac{\partial g}{\partial s}$ で，合成関数の
微分法を用いている．

【例】最適成長モデルのベルマン方程式とオイラー方程式（2章脚注10）

最適成長モデルのベルマン方程式は，$A_t = 1$ とすると

$$V(K_t) = \max_{C_t} \{\ln(C_t) + \beta V(g(K_t, C_t))\} \tag{6.8}$$
$$K_{t+1} = g(K_t, C_t) = K_t^\alpha + (1-\delta)K_t - C_t \tag{6.9}$$

と定式化できるが，これに最適化の一階条件(6.6)式と包絡線定理(6.7)式を当
てはめると，

$$\frac{1}{C_t} - \beta V'(K_{t+1}) = 0 \tag{6.10}$$

$$V'(K_t) = \beta V'(K_{t+1})(\alpha K_t^{\alpha-1} + 1 - \delta) \tag{6.11}$$

という方程式が得られる．(6.10)式から $V'(K_{t+1}) = \frac{1}{\beta C_t}$, $V'(K_t) = \frac{1}{\beta C_{t-1}}$ である
ことを利用して，(6.11)式から V' を消去して整理すると，

$$\frac{C_t}{C_{t-1}} = \beta(\alpha K_t^{\alpha-1} + 1 - \delta) \tag{6.12}$$

というオイラー方程式が得られる．これは，2章の(2.42)式に $A_t = 1$ を代入
し，時間のインデックス t を $t-1$ に置き換えたものと一致する．

6）正確には(6.7)式は $x_t = h(s_t)$ で成り立ち，ベルマン方程式(6.3)の右辺の括弧内で定
　義した関数は $s_t = h^{-1}(x_t)$ で $V(s_t)$ と接することを意味する．どのような場合に包絡線
　定理が成り立つかなど厳密な議論に関心のある読者は，Varian [1992]（文献[9]）の
　27章，Ljungqvist and Sargent [2018]（文献[5]）の4章，Acemoglu [2009]（文献
　[1]）の6章など参照していただきたい．

6.1.3 方策関数（policy function）の求め方

動的計画問題(6.1)の解となる関数 $h : s_t \mapsto x_t$，すなわち方策関数を求める方法はいくつか知られているが，そのうち

- 線型写像で近似した方策関数を行列計算により求める方法
- 関数近似した方策関数を(6.5)式の関係を用いて繰り返し計算によって求める方法

の2通りを紹介する．

前者の線型写像で近似した方策関数を行列計算により求める方法を用いると，モデルを行列により再帰的に表現できる．具体的には，以下のような手順で計算する．

モデルの再帰的表現

(1) 最適化の一階条件を求め，モデルを定常状態周りで対数線型近似する．

(2) 定常状態周りで対数線型近似したモデルのジャンプ変数に対応する方策関数が，p を実数として

$$\hat{x}_t = p\hat{s}_t \tag{6.13}$$

という関数型をとると仮定して p を求める．ただし，x^*, s^* をそれぞれ定常値として $\hat{x}_t = \ln(x_t) - \ln(x^*)$，$\hat{s}_t = \ln(s_t) - \ln(s^*)$ を意味する．

状態変数，ジャンプ変数の一方もしくは両方がベクトルの場合は，実数 p が行列 P となる[7]．最適成長モデルの場合のように状態変数とジャンプ変数の両方とも1変数である場合でも，実数 p を具体的に求める際に，行列の固有値に関する知識を用いたほうが見通しがよい．したがって，この方法の詳細を6.3節（モデルの再帰的表現）で説明する前に6.2節で行列の定義と使い方を紹介する．

後者の関数近似した方策関数を繰り返し計算によって求める方法について，

---

7) 一般に，線型写像は行列で表現できる（例えば，斎藤[1966]（文献[14]）に証明がある）．

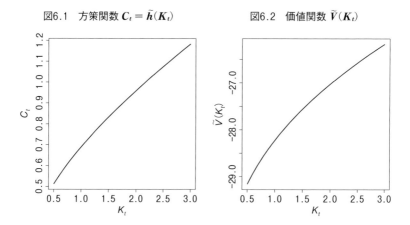

図6.1　方策関数 $C_t = \tilde{h}(K_t)$　　　図6.2　価値関数 $\tilde{V}(K_t)$

詳しくは6.4節（方策関数の関数近似）で説明するが，先に次の6.1.4項で具体例を紹介する.

6.1.4　なぜ「遠い将来に定常状態に至る」と仮定してよいかについての考察

2～5章のモデルを解く際，「遠い将来に定常状態に至る」と仮定してラグランジュの未定乗数法により導出した連立方程式を解いた．この仮定は，最適解の存在条件とも関連しており，厳密な議論は本書の想定するレベルを大きく超える．したがって，ここでは1つの例として，上記の最適成長モデルのベルマン方程式を満たす方策関数を関数近似を用いて求め，この仮定の妥当性を議論しよう.

6.4節で説明する方法を用いて近似的に求めた方策関数 $C_t = \tilde{h}(K_t)$ を図示すると，図6.1のようになる[8]．このとき，価値関数の近似 $\tilde{V}(K_t)$ は，図6.2のように求まる．パラメータは $\alpha = 0.3$，$\beta = 0.99$，$\delta = 0.25$ とおいた.

この $\tilde{h}$ を用いて，例えば $K_1 = 0.5K^*$ という初期値を与えてシミュレーションを行う（K^* は K_t の定常値）．すなわち，

$$C_t = \tilde{h}(K_t) \tag{6.14}$$

8）ノード数は20である（ノードについては後述）.

図6.3　$C_t,\ K_t$ の動き（$K_1 = 0.5K^*$）

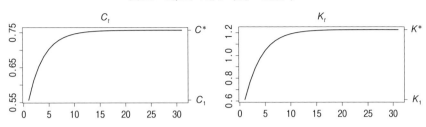

$$K_{t+1} = g(K_t, C_t) = K_t{}^{\alpha} + (1-\delta)K_t - C_t \tag{6.15}$$

という連立方程式を逐次的に解くと，図6.3のようなグラフが描ける．ここで
指摘できる重要な点は，あらかじめ遠い将来に定常状態に至ると仮定しなくと
も，t が充分経過した後では，$C_t,\ K_t$ はそれぞれ定常値 $C^*,\ K^*$ に一致すると
いう結果である[9]．しかも，そこに至るまでの経路は，2章の図2.8に示すの
とほぼ同じである．したがって，遠い将来に定常状態に至ると仮定して連立方
程式を解くというのは，妥当な方法であったことが（1つの具体例に過ぎない
が）示せた．

6.2　数学の準備(5)：行列 ♠

　6.3節でモデルの再帰的表現の議論をするには行列を用いる必要があるため，
この節で定義と使い方について説明しておく．

6.2.1　行列の定義と演算 ♠
行列の定義
　自然数 $m,\ n$ に対し，mn 個の実数 $a_{ij}\,(i = 1, 2, ..., m,\ j = 1, 2, ..., n)$ を縦に m
個，横に n 個，長方形状に並べて括弧でくくった表を (m, n) 型の行列という．
例えば，以下の

9）その理由の1つとして，方策関数 $C_t = \tilde{h}(K_t)$ は点 (C^*, K^*) を通ることが挙げられる．

$$A = \begin{bmatrix} a_{11} & a_{12} & \cdots & a_{1n} \\ a_{21} & a_{22} & \cdots & a_{2n} \\ \vdots & \vdots & \ddots & \vdots \\ a_{m1} & a_{m2} & \cdots & a_{mn} \end{bmatrix} \tag{6.16}$$

は，(m, n) 型の行列である．A の上から i 番目，左から j 番目の要素 a_{ij} を A の (i, j) 成分と呼ぶ．行列の横一列を行といい，行列の縦一列を列という．上から i 番目の行を第 i 行といい，左から j 番目の列を第 j 列という．

行列の等号

行列 A, B が同じ型の行列であって，対応する成分が全て等しいことを A, B が等しいことと定義し，$A = B$ で表す．

行列の和

同じ (m, n) 型の行列 A, B に対し，対応する成分の和を成分とする同じ型の行列を A, B の和と定義し，$A + B$ で表す．すなわち，

$$A = \begin{bmatrix} a_{11} & a_{12} & \cdots & a_{1n} \\ a_{21} & a_{22} & \cdots & a_{2n} \\ \vdots & \vdots & \ddots & \vdots \\ a_{m1} & a_{m2} & \cdots & a_{mn} \end{bmatrix}, \quad B = \begin{bmatrix} b_{11} & b_{12} & \cdots & b_{1n} \\ b_{21} & b_{22} & \cdots & b_{2n} \\ \vdots & \vdots & \ddots & \vdots \\ b_{m1} & b_{m2} & \cdots & b_{mn} \end{bmatrix} \tag{6.17}$$

ならば，

$$A + B = \begin{bmatrix} a_{11}+b_{11} & a_{12}+b_{12} & \cdots & a_{1n}+b_{1n} \\ a_{21}+b_{21} & a_{22}+b_{22} & \cdots & a_{2n}+b_{2n} \\ \vdots & \vdots & \ddots & \vdots \\ a_{m1}+b_{m1} & a_{m2}+b_{m2} & \cdots & a_{mn}+b_{mn} \end{bmatrix} \tag{6.18}$$

である．

行列のスカラー倍

実数 $c \in \mathbb{R}$ に対し (m, n) 型の行列 A の各成分を c 倍して得られる同じ型の行列を cA で表す．すなわち，上記の A に対し

$$cA = \begin{bmatrix} ca_{11} & ca_{12} & \cdots & ca_{1n} \\ ca_{21} & ca_{22} & \cdots & ca_{2n} \\ \vdots & \vdots & \ddots & \vdots \\ ca_{m1} & ca_{m2} & \cdots & ca_{mn} \end{bmatrix} \tag{6.19}$$

である.

行列の積

(l, m) 型の行列 A と (m, n) 型の行列 B の積（掛け算）は (l, n) 型の行列であり，その (i, k) 成分が $\sum_{j=1}^{m} a_{ij}b_{jk}$ で与えられると約束する．すなわち,

$$A = \begin{bmatrix} a_{11} & a_{12} & \cdots & a_{1m} \\ a_{21} & a_{22} & \cdots & a_{2m} \\ \vdots & \vdots & \ddots & \vdots \\ a_{l1} & a_{l2} & \cdots & a_{lm} \end{bmatrix}, \quad B = \begin{bmatrix} b_{11} & b_{12} & \cdots & b_{1n} \\ b_{21} & b_{22} & \cdots & b_{2n} \\ \vdots & \vdots & \ddots & \vdots \\ b_{m1} & b_{m2} & \cdots & b_{mn} \end{bmatrix} \tag{6.20}$$

に対して,

$$AB = C = \begin{bmatrix} c_{11} & c_{12} & \cdots & c_{1n} \\ c_{21} & c_{22} & \cdots & c_{2n} \\ \vdots & \vdots & \ddots & \vdots \\ c_{l1} & c_{l2} & \cdots & c_{ln} \end{bmatrix}$$

$$c_{ik} = \sum_{j=1}^{m} a_{ij}b_{jk} = a_{i1}b_{1k} + a_{i2}b_{2k} + \cdots + a_{im}b_{mk} \tag{6.21}$$

と約束する．一般に AB と BA は等しくならないことに注意しよう（もちろん，等しくなる場合もある）.

行列の転置

(m, n) 型の行列 A の縦横を逆にした (n, m) 型の行列を A の転置行列といい，$A^\top$ で表す．例えば,

$$A = \begin{bmatrix} a_{11} & a_{12} & \cdots & a_{1n} \\ a_{21} & a_{22} & \cdots & a_{2n} \\ \vdots & \vdots & \ddots & \vdots \\ a_{m1} & a_{m2} & \cdots & a_{mn} \end{bmatrix} \tag{6.22}$$

ならば,

$$A^\top = \begin{bmatrix} a_{11} & a_{21} & \cdots & a_{m1} \\ a_{12} & a_{22} & \cdots & a_{m2} \\ \vdots & \vdots & \ddots & \vdots \\ a_{1n} & a_{2n} & \cdots & a_{mn} \end{bmatrix} \tag{6.23}$$

である.

行列の分割

　行列をいくつかの縦線と横線で分割すると,行列は複数の区画に分割される.分けられた各区画は,それ自体が1つの行列とみなせる.

　例えば,$(3,4)$型の行列 A を

$$A = \left[\begin{array}{ccc|c} a_{11} & a_{12} & a_{13} & a_{14} \\ a_{21} & a_{22} & a_{23} & a_{24} \\ \hline a_{31} & a_{32} & a_{33} & a_{34} \end{array} \right] \tag{6.24}$$

と分割する.

$$A_{11} = \begin{bmatrix} a_{11} & a_{12} & a_{13} \\ a_{21} & a_{22} & a_{23} \end{bmatrix}, \quad A_{12} = \begin{bmatrix} a_{14} \\ a_{24} \end{bmatrix}$$
$$A_{21} = [a_{31} \ a_{32} \ a_{33}], \quad A_{22} = [a_{34}] \tag{6.25}$$

と定義すると,

$$A = \begin{bmatrix} A_{11} & A_{12} \\ A_{21} & A_{22} \end{bmatrix} \tag{6.26}$$

と表せる.

正方行列,単位行列

　行の数と列の数が等しい行列を正方行列という.特に,(n,n)型の正方行列であって,その対角成分が全て1,それ以外が0である行列を単位行列といい,I_n で表す.すなわち,

$$I_n = \begin{bmatrix} 1 & 0 & \cdots & 0 \\ 0 & 1 & \cdots & 0 \\ \vdots & \vdots & \ddots & \vdots \\ 0 & 0 & \cdots & 1 \end{bmatrix} \tag{6.27}$$

である.

　正方行列 A を n 回掛け合わせたもの，つまり A の n 乗を A^n と略記する．例えば，AA は A^2 と略記する．

逆行列

　(n, n) 型の正方行列 A に対して

$$XA = AX = I_n \tag{6.28}$$

となる行列 X が存在するとき，X を A の逆行列という．逆行列の存在する正方行列を正則行列と呼ぶ．正則行列の逆行列 X は唯 1 つ存在し，A^{-1} で表す．A^{-1} を n 回掛け合わせたものを A^{-n} と略記する．

列ベクトル，行ベクトル，内積

　$(n, 1)$ 型の行列を n 項列ベクトルと呼び，以下では，太字の小文字で表す[10]．例えば，

$$\boldsymbol{a} = \begin{bmatrix} a_1 \\ a_2 \\ \vdots \\ a_n \end{bmatrix} \tag{6.29}$$

である．これを見てわかるように，列ベクトルは縦ベクトルとも呼ばれる．列ベクトルの転置により得られる行列を行ベクトルと呼ぶ．$\boldsymbol{a}^\top$ は行ベクトル

$$\boldsymbol{a}^\top = [a_1 \ \ a_2 \ \ \cdots \ \ a_n] \tag{6.30}$$

である．行ベクトルは横ベクトルとも呼ばれる．成分が全てゼロの列ベクトル

---

10) 列ベクトルは，他の節では単にベクトルと略記している場合がある．

をゼロベクトルと呼ぶ.

2つの n 項列ベクトル $\boldsymbol{a}, \boldsymbol{b}$ に対して積

$$\boldsymbol{a}^\top \boldsymbol{b} = \sum_{i=1}^{n} a_i b_i \tag{6.31}$$

を $\boldsymbol{a}$ と $\boldsymbol{b}$ の内積と呼ぶ. 実数を成分とする列ベクトル同士の内積は実数である.

線型独立，線型従属

n 項列ベクトル $\boldsymbol{a}_1, \boldsymbol{a}_2, ..., \boldsymbol{a}_k$ に対して,

$$\sum_{i=1}^{k} c_i \boldsymbol{a}_i = \boldsymbol{0} \tag{6.32}$$

を満たす実数 $c_1, c_2, ..., c_k$ が $c_1 = c_2 = \cdots = c_k = 0$ 以外に存在しないとき $\boldsymbol{a}_1, \boldsymbol{a}_2, ..., \boldsymbol{a}_k$ は線型独立といい，存在するとき $\boldsymbol{a}_1, \boldsymbol{a}_2, ..., \boldsymbol{a}_k$ は線型従属という.

行列と連立方程式

連立方程式

$$\begin{aligned} a_{11}x_1 + a_{12}x_2 &= b_1 \\ a_{21}x_1 + a_{22}x_2 &= b_2 \end{aligned} \tag{6.33}$$

は,

$$\begin{bmatrix} a_{11} & a_{12} \\ a_{21} & a_{22} \end{bmatrix} \begin{bmatrix} x_1 \\ x_2 \end{bmatrix} = \begin{bmatrix} b_1 \\ b_2 \end{bmatrix} \tag{6.34}$$

すなわち

$$A\boldsymbol{x} = \boldsymbol{b} \tag{6.35}$$

と行列と列ベクトルにより表現できる. もし，行列 A が正則ならば，(6.35) 式の両辺に左から A^{-1} を掛けると,

$$\boldsymbol{x} = A^{-1}\boldsymbol{b} \tag{6.36}$$

と $\boldsymbol{x}$ について解ける[11]. 以下の形式で表される n 元連立方程式

$$\begin{aligned}
a_{11}x_1 + a_{12}x_2 + \cdots + a_{1n}x_n &= b_1 \\
a_{21}x_1 + a_{22}x_2 + \cdots + a_{2n}x_n &= b_2 \\
&\cdots \\
a_{n1}x_1 + a_{n2}x_2 + \cdots + a_{nn}x_n &= b_n
\end{aligned} \tag{6.37}$$

も同様に行列と列ベクトルにより表現できる.

6.2.2 行列の対角化 ♠

対角行列

正方行列であって，その対角成分以外がゼロである行列を対角行列という. (m, m) 型の対角行列 A は，

$$A = \begin{bmatrix} a_1 & 0 & \cdots & 0 \\ 0 & a_2 & \cdots & 0 \\ \vdots & \vdots & \ddots & \vdots \\ 0 & 0 & \cdots & a_m \end{bmatrix} \tag{6.38}$$

という形をしている.

対角行列の逆行列は，各対角成分の逆数を並べた対角行列である. すなわち，

$$A^{-1} = \begin{bmatrix} a_1^{-1} & 0 & \cdots & 0 \\ 0 & a_2^{-1} & \cdots & 0 \\ \vdots & \vdots & \ddots & \vdots \\ 0 & 0 & \cdots & a_m^{-1} \end{bmatrix} \tag{6.39}$$

である.

対角行列の n 乗は，各対角成分の n 乗を並べた対角行列である. すなわち，

---

11) 概念的にそう書けるという意味であって，現実に逆行列を計算する必要は必ずしもない. プログラム言語を用いる場合，多くは(6.33)式のような方程式（線型連立方程式という）を解くための関数が用意されている. 一般に，逆行列の計算には必要な工程が多く，できるだけ避けるべきとされる.

$$A^n = \begin{bmatrix} a_1^n & 0 & \cdots & 0 \\ 0 & a_2^n & \cdots & 0 \\ \vdots & \vdots & \ddots & \vdots \\ 0 & 0 & \cdots & a_m^n \end{bmatrix} \tag{6.40}$$

である.

固有値，固有ベクトル

(n, n) 型の正方行列 A に対して，

$$A\boldsymbol{x} = \alpha\boldsymbol{x} \tag{6.41}$$

となる n 項列ベクトル $\boldsymbol{x}$ であって，ゼロベクトルでないものを，A の固有ベクトルといい，α を固有値という[12]．

固有ベクトルは，スカラー倍（ゼロを除く）しても固有ベクトルなので，この性質を用いて，固有ベクトルはそれ自体との内積が1となるように（つまり絶対値が1となるように）規格化できる．以下では，固有ベクトルはこのように規格化してあると約束する.

行列の対角化

ある (n, n) 型の正方行列 A に対して，n 個の線型独立な固有ベクトルが存在するとする[13]．A の n 個の固有値 $\alpha_1, \alpha_2, ..., \alpha_n$ を対角線上に並べ，他の成分をゼロとした (n, n) 型の正方行列を V とする．すなわち，

---

12) 固有値，固有ベクトルの求め方については，線型代数の教科書を参照していただきたい（例えば，斎藤 [1966]（文献 [14]））．一般的に，行列を扱えるプログラム言語には，固有値，固有ベクトルを求める関数が用意されている.

13) (n, n) 型の正方行列には，重解も含めて n 個の固有値が存在する．固有値は虚数となる場合があり，(6.41) 式の α は虚数でもよい．この重解も含めた n 個の固有値に対して，n 個の固有ベクトルが互いに線型独立になるように上手く選べたとここでは仮定する.

$$V = \begin{bmatrix} \alpha_1 & 0 & \cdots & 0 \\ 0 & \alpha_2 & \cdots & 0 \\ \vdots & \vdots & \ddots & \vdots \\ 0 & 0 & \cdots & \alpha_n \end{bmatrix} \tag{6.42}$$

とする[14]. また, 対応する固有ベクトル $\boldsymbol{x}_1, \boldsymbol{x}_2, ..., \boldsymbol{x}_n$ を横に並べて作った (n, n) 型の正方行列を S とする. すなわち,

$$S = [\boldsymbol{x}_1 \quad \boldsymbol{x}_2 \quad \cdots \quad \boldsymbol{x}_n] \tag{6.43}$$

とする. このとき,

$$[A\boldsymbol{x}_1 \quad A\boldsymbol{x}_2 \quad \cdots \quad A\boldsymbol{x}_n] = [\alpha_1\boldsymbol{x}_1 \quad \alpha_2\boldsymbol{x}_2 \quad \cdots \quad \alpha_n\boldsymbol{x}_n]$$

$$\Leftrightarrow \quad A[\boldsymbol{x}_1 \quad \boldsymbol{x}_2 \quad \cdots \quad \boldsymbol{x}_n] = [\boldsymbol{x}_1 \quad \boldsymbol{x}_2 \quad \cdots \quad \boldsymbol{x}_n]\begin{bmatrix} \alpha_1 & 0 & \cdots & 0 \\ 0 & \alpha_2 & \cdots & 0 \\ \vdots & \vdots & \ddots & \vdots \\ 0 & 0 & \cdots & \alpha_n \end{bmatrix}$$

$$\Leftrightarrow \quad AS = SV \tag{6.44}$$

である. (6.44)式の両辺に左から S^{-1} を掛けると,

$$S^{-1}AS = V \tag{6.45}$$

という表現が得られる. これを行列の対角化という. この結果をすぐ次の節で用いる.

6.3 モデルの再帰的表現 ♠

6.3.1 Blanchard and Kahn の方法による解の導出方法 ♠

それでは, 最適化問題(6.1)として定式化されるモデルを近似により再帰的に表現する方法を説明していこう. ただし, 状態変数, ジャンプ変数の一方も

---

14) このとき, どの順序で固有値を対角線上に並べるかには任意性がある.

しくは両方がベクトルである一般の場合を考える．いくつかの方法でモデルの再帰的表現を求めることができるが，そのうち最も基本的な Blanchard and Kahn [1980] の方法を紹介する[15]．

　最初に，(1)最適化の一階条件を求め，モデルを定常状態周りで対数線型近似する．ラグランジュの未定乗数法を用いて最適化の条件を求めても，ベルマン方程式(6.3)を用いて最適化の条件を求めても，全く同じ一階の条件式が導出できる[16]．これは，状態変数，ジャンプ変数の一方もしくは両方がベクトルの場合（例えば RBC モデル）でも同様である．これら一階の条件式，$s_{t+1} = g(s_t, x_t)$ のような遷移式，および生産関数のような同時点間の変数の関係を表す式などからなるモデル方程式を書き出した上で，各内生変数の定常値を求め，その周りで対数線型近似する．

　このように対数線型化したモデルは，定常値からの乖離として変数変換した n_x 個のジャンプ変数 $\widehat{\boldsymbol{x}}_t$ と n_s 個の状態変数 $\widehat{\boldsymbol{s}}_t$ によって，

$$B\begin{bmatrix}\widehat{\boldsymbol{x}}_{t+1}\\\widehat{\boldsymbol{s}}_{t+1}\end{bmatrix} = C\begin{bmatrix}\widehat{\boldsymbol{x}}_t\\\widehat{\boldsymbol{s}}_t\end{bmatrix} \tag{6.46}$$

と表すことができる．もちろん，方程式の数と内生変数（ジャンプ変数 $\widehat{\boldsymbol{x}}_t$ と状態変数 $\widehat{\boldsymbol{s}}_t$ からなる）の数は等しくなければならない．したがって，B, C は正方行列でなければならない．

　この連立方程式を

$$\begin{bmatrix}\widehat{\boldsymbol{x}}_{t+1}\\\widehat{\boldsymbol{s}}_{t+1}\end{bmatrix} = D\begin{bmatrix}\widehat{\boldsymbol{x}}_t\\\widehat{\boldsymbol{s}}_t\end{bmatrix} \tag{6.47}$$

という形式に変形したものが，モデルの再帰的表現，あるいはモデルの解と呼ばれる[17]．

　この形に変形するには単純に B^{-1} を左から掛ければよいようにも思われる

---

15) Blanchard, O. J. and C. M. Kahn [1980] "The Solution of Linear Difference Models under Rational Expectations," *Econometrica*, Vol.48, No.5, pp.1305-1311.

16) にもかかわらずベルマン方程式を紹介した理由は，ラグランジュの未定乗数法からは方策関数の存在があらわにならないからである．

17) これに対して，これまで用いてきた遠い将来に定常状態に至ると仮定して方程式を解くことによって求めたパスは，"完全予見解（perfect foresight solution）" と呼ぶことができる．両者の違いについては，6.5節で説明する．

が（ただし B に逆行列が存在する場合に限る），たとえそれが可能でもこれだ
と $\begin{bmatrix} \widehat{\boldsymbol{x}}_{t+n} \\ \widehat{\boldsymbol{s}}_{t+n} \end{bmatrix}$ が発散してしまう．つまり最適化問題(6.1)を解いたことにはならな
い．ここで，方策関数が (n_x, n_s) 型の行列 P を用いて

$$\widehat{\boldsymbol{x}}_t = P\widehat{\boldsymbol{s}}_t \tag{6.48}$$

と表されると仮定し，モデルが発散しないという条件を用いて(6.46)式を解く
のが6.1.3項のボックス内でいう(2)にあたる[18]．

まず，$A = C^{-1}B$ の $n_x + n_s$ 個の固有値を求める．$n_x + n_s$ 個の固有値の並べ
方には任意性があるが，絶対値が小さい順に $\alpha_1, \alpha_2, ..., \alpha_{n_x+n_s}$ と並べ，対角行列

$$V = \begin{bmatrix} \alpha_1 & 0 & \cdots & 0 \\ 0 & \alpha_2 & \cdots & 0 \\ \vdots & \vdots & \ddots & \vdots \\ 0 & 0 & \cdots & \alpha_{n_x+n_s} \end{bmatrix} \tag{6.49}$$

を作る[19]．次に，各固有値に対応する固有ベクトルから(6.43)式のように正
方行列 S を作り $Q = S^{-1}$ と定義すると，

$$QAQ^{-1} = V = \begin{bmatrix} \alpha_1 & 0 & \cdots & 0 \\ 0 & \alpha_2 & \cdots & 0 \\ \vdots & \vdots & \ddots & \vdots \\ 0 & 0 & \cdots & \alpha_{n_x+n_s} \end{bmatrix}$$

$$\Leftrightarrow \quad A = C^{-1}B = Q^{-1}VQ \tag{6.50}$$

と対角化できる．(6.46)式は

$$B\begin{bmatrix} \widehat{\boldsymbol{x}}_{t+1} \\ \widehat{\boldsymbol{s}}_{t+1} \end{bmatrix} = C\begin{bmatrix} \widehat{\boldsymbol{x}}_t \\ \widehat{\boldsymbol{s}}_t \end{bmatrix}$$

$$\Leftrightarrow \quad C^{-1}B\begin{bmatrix} \widehat{\boldsymbol{x}}_{t+1} \\ \widehat{\boldsymbol{s}}_{t+1} \end{bmatrix} = \begin{bmatrix} \widehat{\boldsymbol{x}}_t \\ \widehat{\boldsymbol{s}}_t \end{bmatrix}$$

[18] $\widehat{\boldsymbol{x}}_t, \widehat{\boldsymbol{s}}_t$ が定常値からの乖離であることから，定常状態では(6.48)式は両辺ともゼロベ
クトルになることは自明だろう．

[19] ゼロの固有値がある場合は，ごく小さい値 ϵ で置き換えておき，後で $n \to \infty$ の極限
をとるとき，$\epsilon \to 0$ と極限をとることにする．

$$\Leftrightarrow \quad Q^{-1}VQ\begin{bmatrix}\widehat{\boldsymbol{x}}_{t+1}\\ \widehat{\boldsymbol{s}}_{t+1}\end{bmatrix} = \begin{bmatrix}\widehat{\boldsymbol{x}}_t\\ \widehat{\boldsymbol{s}}_t\end{bmatrix}$$

$$\Leftrightarrow \quad Q\begin{bmatrix}\widehat{\boldsymbol{x}}_{t+1}\\ \widehat{\boldsymbol{s}}_{t+1}\end{bmatrix} = V^{-1}Q\begin{bmatrix}\widehat{\boldsymbol{x}}_t\\ \widehat{\boldsymbol{s}}_t\end{bmatrix} \tag{6.51}$$

と変形できる.

Blanchard and Kahn [1980] によると，ジャンプ変数に対応する固有値 $\alpha_1, \alpha_2, ..., \alpha_{n_x}$ の絶対値が全て 1 より小さく，状態変数に対応する固有値 $\alpha_{n_x+1}, \alpha_{n_x+2}, ..., \alpha_{n_x+n_s}$ の絶対値が全て 1 以上の場合，唯一の解が存在する．ここでは，この条件が満たされていると仮定する.

$$V_x = \begin{bmatrix}\alpha_1 & 0 & \cdots & 0\\ 0 & \alpha_2 & \cdots & 0\\ \vdots & \vdots & \ddots & \vdots\\ 0 & 0 & \cdots & \alpha_{n_x}\end{bmatrix} \tag{6.52}$$

$$V_s = \begin{bmatrix}\alpha_{n_x+1} & 0 & \cdots & 0\\ 0 & \alpha_{n_x+2} & \cdots & 0\\ \vdots & \vdots & \ddots & \vdots\\ 0 & 0 & \cdots & \alpha_{n_x+n_s}\end{bmatrix} \tag{6.53}$$

と定義し，(6.51)式を再帰的に用いると，

$$Q\begin{bmatrix}\widehat{\boldsymbol{x}}_{t+n}\\ \widehat{\boldsymbol{s}}_{t+n}\end{bmatrix} = V^{-n}Q\begin{bmatrix}\widehat{\boldsymbol{x}}_t\\ \widehat{\boldsymbol{s}}_t\end{bmatrix}$$

$$\Leftrightarrow \begin{bmatrix}\widehat{\boldsymbol{x}}_{t+n}\\ \widehat{\boldsymbol{s}}_{t+n}\end{bmatrix} = Q^{-1}V^{-n}Q\begin{bmatrix}\widehat{\boldsymbol{x}}_t\\ \widehat{\boldsymbol{s}}_t\end{bmatrix}$$

$$\Leftrightarrow \begin{bmatrix}\widehat{\boldsymbol{x}}_{t+n}\\ \widehat{\boldsymbol{s}}_{t+n}\end{bmatrix} = Q^{-1}\begin{bmatrix}V_x^{-n} & \mathbf{0}\\ \mathbf{0} & V_s^{-n}\end{bmatrix}\begin{bmatrix}Q_A & Q_B\\ Q_C & Q_D\end{bmatrix}\begin{bmatrix}\widehat{\boldsymbol{x}}_t\\ \widehat{\boldsymbol{s}}_t\end{bmatrix}$$

$$\Leftrightarrow \begin{bmatrix}\widehat{\boldsymbol{x}}_{t+n}\\ \widehat{\boldsymbol{s}}_{t+n}\end{bmatrix} = Q^{-1}\begin{bmatrix}V_x^{-n}(Q_A\widehat{\boldsymbol{x}}_t + Q_B\widehat{\boldsymbol{s}}_t)\\ V_s^{-n}(Q_C\widehat{\boldsymbol{x}}_t + Q_D\widehat{\boldsymbol{s}}_t)\end{bmatrix} \tag{6.54}$$

となる．いま，ジャンプ変数に対応する固有値 $\alpha_1, \alpha_2, ..., \alpha_{n_x}$ の絶対値が全て 1 より小さいと仮定しているので，$n \to \infty$ のとき V_x^{-n} の対角成分は $\pm\infty$ に発散する．方策関数が(6.48)式のように表されるという仮定の下で，$\begin{bmatrix}\widehat{\boldsymbol{x}}_{t+n}\\ \widehat{\boldsymbol{s}}_{t+n}\end{bmatrix}$ が発

散しないための必要十分条件は,

$$Q_A \widehat{\boldsymbol{x}}_t + Q_B \widehat{\boldsymbol{s}}_t = \boldsymbol{0} \tag{6.55}$$

である[20]. Q_A は正方行列なので, $Q_B \widehat{\boldsymbol{s}}_t$ を移項して左から Q_A^{-1} を掛けると

$$\widehat{\boldsymbol{x}}_t = -Q_A^{-1} Q_B \widehat{\boldsymbol{s}}_t \tag{6.56}$$

つまり, $P = -Q_A^{-1} Q_B$ がこの問題の解である. これで方策関数が求まった.

(6.54)式は

$$Q \begin{bmatrix} \widehat{\boldsymbol{x}}_{t+n} \\ \widehat{\boldsymbol{s}}_{t+n} \end{bmatrix} = \begin{bmatrix} V_x^{-n}(Q_A \widehat{\boldsymbol{x}}_t + Q_B \widehat{\boldsymbol{s}}_t) \\ V_s^{-n}(Q_C \widehat{\boldsymbol{x}}_t + Q_D \widehat{\boldsymbol{s}}_t) \end{bmatrix}$$

$$\Leftrightarrow \begin{bmatrix} Q_A & Q_B \\ Q_C & Q_D \end{bmatrix} \begin{bmatrix} \widehat{\boldsymbol{x}}_{t+n} \\ \widehat{\boldsymbol{s}}_{t+n} \end{bmatrix} = \begin{bmatrix} \boldsymbol{0} \\ V_s^{-n}(Q_C \widehat{\boldsymbol{x}}_t + Q_D \widehat{\boldsymbol{s}}_t) \end{bmatrix}$$

$$\Leftrightarrow \begin{bmatrix} Q_A \widehat{\boldsymbol{x}}_{t+n} + Q_B \widehat{\boldsymbol{s}}_{t+n} \\ Q_C \widehat{\boldsymbol{x}}_{t+n} + Q_D \widehat{\boldsymbol{s}}_{t+n} \end{bmatrix} = \begin{bmatrix} \boldsymbol{0} \\ V_s^{-n}(Q_C \widehat{\boldsymbol{x}}_t + Q_D \widehat{\boldsymbol{s}}_t) \end{bmatrix} \tag{6.57}$$

と書き直すことができ, $n=1$ を代入して下側の等号関係を取り出すと,

$$Q_C \widehat{\boldsymbol{x}}_{t+1} + Q_D \widehat{\boldsymbol{s}}_{t+1} = V_s^{-1}[Q_C \widehat{\boldsymbol{x}}_t + Q_D \widehat{\boldsymbol{s}}_t]$$

$$\Leftrightarrow [Q_C P + Q_D] \widehat{\boldsymbol{s}}_{t+1} = V_s^{-1}[Q_C P + Q_D] \widehat{\boldsymbol{s}}_t$$

$$\Leftrightarrow \widehat{\boldsymbol{s}}_{t+1} = [Q_C P + Q_D]^{-1} V_s^{-1}[Q_C P + Q_D] \widehat{\boldsymbol{s}}_t \tag{6.58}$$

$$\Leftrightarrow \widehat{\boldsymbol{s}}_{t+1} = A_A \widehat{\boldsymbol{s}}_t$$

と表現できる. まとめると, (6.46)式は

$$\begin{bmatrix} \widehat{\boldsymbol{x}}_{t+1} \\ \widehat{\boldsymbol{s}}_{t+1} \end{bmatrix} = \begin{bmatrix} \boldsymbol{0} & P A_A \\ \boldsymbol{0} & A_A \end{bmatrix} \begin{bmatrix} \widehat{\boldsymbol{x}}_t \\ \widehat{\boldsymbol{s}}_t \end{bmatrix} = D \begin{bmatrix} \widehat{\boldsymbol{x}}_t \\ \widehat{\boldsymbol{s}}_t \end{bmatrix} \tag{6.59}$$

と解けたことになる. これが, モデル方程式の行列による再帰的表現である[21].

---

20) ある種の横断性条件を用いていることになる. その意味の具体例ついては, 脚注23を参照.

6.3.2　例：RBC モデルの解（再帰的表現）♠

それでは，RBC モデルを例に，具体的に解（再帰的表現）を求めてみよう．
そのためには，まずモデルを定常状態周りで対数線型近似する必要がある．4
章の$(4.8')$〜$(4.14')$式として列挙した RBC モデルの各方程式を対数線型近似
すると，以下のようになる．

$$\widehat{w}_t - \widehat{c}_t = \gamma \widehat{l}_t \tag{6.60}$$

$$\widehat{c}_{t+1} - \widehat{c}_t = \beta R^* \widehat{R}_{t+1} \tag{6.61}$$

$$\widehat{y}_t = \widehat{a}_t + \alpha \widehat{k}_t + (1-\alpha) \widehat{l}_t \tag{6.62}$$

$$\widehat{w}_t = \widehat{a}_t + \alpha \widehat{k}_t - \alpha \widehat{l}_t \tag{6.63}$$

$$\frac{R^*}{R^*-1} \widehat{R}_t = \widehat{a}_t + (\alpha-1) \widehat{k}_t + (1-\alpha) \widehat{l}_t \tag{6.64}$$

$$K^* \widehat{k}_{t+1} = Y^* \widehat{y}_t + (1-\delta) K^* \widehat{k}_t - C^* \widehat{c}_t \tag{6.65}$$

$$\widehat{a}_{t+1} = \rho \widehat{a}_t \tag{6.66}$$

ただし，$R_t = r_t + 1$ と定義し直し，外生の技術ショック ε_{t+1} は 0 とおいた[22]．
ジャンプ変数，状態変数はそれぞれ $\widehat{\boldsymbol{x}}_t = [\widehat{c}_t\ \widehat{l}_t\ \widehat{y}_t\ \widehat{w}_t\ \widehat{R}_t]^\top$, $\widehat{\boldsymbol{s}}_t = [\widehat{k}_t\ \widehat{a}_t]^\top$ と定
義できる（あとで固有値を確認する）．

行列 B, C を

---

21) ここでの議論からわかるように，1 より小さい固有値の数がジャンプ変数の数より多
いと（つまり 1 以下の固有値の数が状態変数の数より少ないと）モデルが発散し，1 よ
り小さい固有値の数がジャンプ変数の数より少ないと（つまり 1 以下の固有値の数が状
態変数の数より多いと）解が一意に定まらなくなる．後者の場合の詳細と具体例につい
ては7.1節の議論を参照．

22) ハット（記号 ^ のこと）付きの変数は，全て定常値からの乖離を表す．具体的に書
き出しておくと，$\widehat{c}_t = \ln(C_t) - \ln(C^*)$, $\widehat{l}_t = \ln(L_t) - \ln(L^*)$, $\widehat{y}_t = \ln(Y_t) - \ln(Y^*)$, $\widehat{w}_t = \ln(w_t) - \ln(w^*)$, $\widehat{R}_t = \ln(R_t) - \ln(R^*) = \ln(r_t+1) - \ln(r^*+1)$, $\widehat{k}_t = \ln(K_t) - \ln(K^*)$, $\widehat{a}_t = \ln(A_t)$
である．

$$B = \begin{bmatrix} 0 & 0 & 0 & 0 & 0 & 0 & 0 \\ 1 & 0 & 0 & 0 & -\beta R^* & 0 & 0 \\ 0 & 0 & 0 & 0 & 0 & 0 & 0 \\ 0 & 0 & 0 & 0 & 0 & 0 & 0 \\ 0 & 0 & 0 & 0 & 0 & 0 & 0 \\ 0 & 0 & 0 & 0 & 0 & K^* & 0 \\ 0 & 0 & 0 & 0 & 0 & 0 & 1 \end{bmatrix} \tag{6.67}$$

$$C = \begin{bmatrix} 1 & \gamma & 0 & -1 & 0 & 0 & 0 \\ 1 & 0 & 0 & 0 & 0 & 0 & 0 \\ 0 & 1-\alpha & -1 & 0 & 0 & \alpha & 1 \\ 0 & -\alpha & 0 & -1 & 0 & \alpha & 1 \\ 0 & 1-\alpha & 0 & 0 & -R^*/(R^*-1) & \alpha-1 & 1 \\ -C^* & 0 & Y^* & 0 & 0 & -(\delta-1)K^* & 0 \\ 0 & 0 & 0 & 0 & 0 & 0 & \rho \end{bmatrix} \tag{6.68}$$

と定義すると, (6.60)〜(6.66)式は,

$$B \begin{bmatrix} \widehat{\boldsymbol{x}}_{t+1} \\ \widehat{\boldsymbol{s}}_{t+1} \end{bmatrix} = C \begin{bmatrix} \widehat{\boldsymbol{x}}_t \\ \widehat{\boldsymbol{s}}_t \end{bmatrix} \tag{6.69}$$

と書ける. パラメータは, 4章の設定と同一にしておこう. パラメータを代入した後では,

$$B = \begin{bmatrix} 0 & 0 & 0 & 0 & 0 & 0 & 0 \\ 1 & 0 & 0 & 0 & -1.025 & 0 & 0 \\ 0 & 0 & 0 & 0 & 0 & 0 & 0 \\ 0 & 0 & 0 & 0 & 0 & 0 & 0 \\ 0 & 0 & 0 & 0 & 0 & 0 & 0 \\ 0 & 0 & 0 & 0 & 0 & 14.30 & 0 \\ 0 & 0 & 0 & 0 & 0 & 0 & 1 \end{bmatrix} \tag{6.70}$$

$$C = \begin{bmatrix} 1 & 1 & 0 & -1 & 0 & 0 & 0 \\ 1 & 0 & 0 & 0 & 0 & 0 & 0 \\ 0 & 0.7 & -1 & 0 & 0 & 0.30 & 1 \\ 0 & -0.3 & 0 & -1 & 0 & 0.30 & 1 \\ 0 & 0.7 & 0 & 0 & -29.49 & -0.70 & 1 \\ -1.316 & 0 & 1.673 & 0 & 0 & 13.94 & 0 \\ 0 & 0 & 0 & 0 & 0 & 0 & 0.9 \end{bmatrix} \tag{6.71}$$

と，B, C は具体的な数値を成分とする行列になる．$A = C^{-1}B$ の固有値は $\{0,$ $0,$ $0,$ $0,$ $0.939,$ $1.055,$ $1.111\}$ の7個であり，絶対値が1より小さい固有値の数は5個（ゼロは4重解）でジャンプ変数の数に等しく，絶対値が1以上の固有値の数は2個で状態変数の数に等しい．

この場合，V_x^{-1} は $n \to \infty$ の極限をとらなくとも発散しているが（脚注19を参照），

$$Q_A \widehat{\boldsymbol{x}}_t + Q_B \widehat{\boldsymbol{s}}_t = \boldsymbol{0} \tag{6.55'}$$

が，$\begin{bmatrix} \widehat{\boldsymbol{x}}_{t+n} \\ \widehat{\boldsymbol{s}}_{t+n} \end{bmatrix}$ が発散しないための必要十分条件であることに変わりはない[23]．前項の議論に従って計算していくと，

$$P = \begin{bmatrix} 0.5212 & 0.3019 \\ -0.1701 & 0.5370 \\ 0.1809 & 1.3759 \\ 0.3510 & 0.8389 \\ -0.0278 & 0.0467 \end{bmatrix} \tag{6.72}$$

$$A_A = \begin{bmatrix} 0.948 & 0.133 \\ 0.000 & 0.900 \end{bmatrix} \tag{6.73}$$

と具体的に求まる．これらを用いると，

---

[23] その経済学的な説明は以下のとおりである．もし，資本を $+\infty$ に発散させるようなパスが選ばれたとすると，そのときは各期の消費を微小量増やせば効用が改善する．逆に，資本を $-\infty$ に発散させるようなパスが選ばれることはありえない．その際には途中で生産がゼロになり，効用が $-\infty$ に発散する．

$$\begin{bmatrix} \widehat{\boldsymbol{x}}_{t+1} \\ \widehat{\boldsymbol{s}}_{t+1} \end{bmatrix} = \begin{bmatrix} \boldsymbol{0} & PA_A \\ \boldsymbol{0} & A_A \end{bmatrix} \begin{bmatrix} \widehat{\boldsymbol{x}}_t \\ \widehat{\boldsymbol{s}}_t \end{bmatrix} \tag{6.74}$$

という表現が得られる．これが RBC モデルの解（再帰的表現）である．

6.3.3 インパルス応答 ♠

いったんモデルが(6.74)式のように表現できると，4章の図4.2に示したようなインパルス応答を簡単に描くことができる．例えば，$t = 0$ において定常状態にあり，(6.66)式として対数線型化する前の技術水準の遷移式

$$\ln(A_{t+1}) = \rho\ln(A_t) + \varepsilon_{t+1} \tag{6.75}$$

で，$t = 1$ において $\varepsilon_1 = 0.01$ というショックが加わったものとしよう．仮定により $A_0 = 1$ であることを用いると，

$$\hat{a}_1 = \ln(A_1) = \rho\ln(1) + \varepsilon_1 = 0.01 \tag{6.76}$$

である．誤差項 ε_{t+1} はもう1つの状態変数 K_t の同じ期の値に影響を与えない，つまり e_1 は K_1 に影響を与えないので，状態変数の初期値 $\widehat{\boldsymbol{s}}_1$ は，

$$\widehat{\boldsymbol{s}}_1 = \begin{bmatrix} \hat{k}_1 \\ \hat{a}_1 \end{bmatrix} = \begin{bmatrix} 0 \\ 0.01 \end{bmatrix} \tag{6.77}$$

と表せる．一方で，ジャンプ変数の初期値 $\widehat{\boldsymbol{x}}_1$ は，(6.72)式の P を用いて，

$$\widehat{\boldsymbol{x}}_1 = P\widehat{\boldsymbol{s}}_1 \tag{6.78}$$

と表せる．したがって，これを初期値として(6.74)式を再帰的に用いることにより，任意の $t > 1$ について $\widehat{\boldsymbol{x}}_t, \widehat{\boldsymbol{s}}_t$ を求めることができる．この方法により描いたインパルス応答が，図6.4である．

6.4 方策関数の関数近似 ♠♠

この節では，関数近似した方策関数を繰り返し計算によって求める方法を説明する．関数近似の具体的な方法としてチェビシェフ近似を，繰り返し計算の具体的な方法として方策関数反復法（policy iteration method）を用いること

図6.4　$\varepsilon_1 = 0.01$ のショックを与えた場合のインパルス応答（定常値からの乖離率（%））

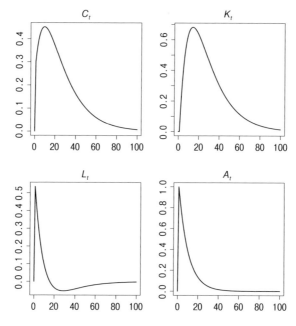

にする.

6.4.1　チェビシェフ近似 ♠♠

関数 $f : \mathbb{R} \to \mathbb{R}$ の区間 $[a, b]$ での n 個の任意の関数 $\widehat{\phi}_0, \widehat{\phi}_1, ..., \widehat{\phi}_{n-1}$（基底関数という）を用いた

$$f(x) = \widehat{\boldsymbol{\phi}}(x)^{\top} \boldsymbol{c} = [\widehat{\phi}_0(x) \quad \widehat{\phi}_1(x) \quad \cdots \quad \widehat{\phi}_{n-1}(x)] \boldsymbol{c} \tag{6.79}$$

という関数近似を考えよう. ただし, $\boldsymbol{c}$ は n 項列ベクトルで, 係数に相当する. 一般に, 区間 $[a, b]$ の全ての点で $f(x) = \widehat{\boldsymbol{\phi}}(x)^{\top} \boldsymbol{c}$ が満たされるようにするためには, ベクトル $\boldsymbol{c}$ の次元が無限でなければならないため, 数値計算が不可能である. そこで, 基底関数 $\widehat{\phi}_0, \widehat{\phi}_1, ..., \widehat{\phi}_{n-1}$ が所与の場合に, 区間 $[a, b]$ での n 個の点 x_i, $i = 1, 2, ..., n$ では $f(x_i) = \widehat{\boldsymbol{\phi}}(x_i)^{\top} \boldsymbol{c}$ が成り立つような近似を行う. この x_i をノードといい, 一般にノード数と $\boldsymbol{c}$ の次元は一致させる. 関数

近似をした場合,所定の区間内のノード以外の点では,関数の値を内挿する[24].

一般にチェビシェフ近似の場合,ノード数を n とすると

$$z_i = -\cos\left(\frac{i-0.5}{n}\pi\right), \quad i = 1, 2, ..., n \tag{6.80}$$

をノードとする.z_i は $[-1, 1]$ の区間に不均等に並ぶ.基底関数

$$\boldsymbol{\phi}(z) = [\phi_0(z) \quad \phi_1(z) \quad \cdots \quad \phi_{n-1}(z)]^\top \tag{6.81}$$

は,

$$
\begin{aligned}
\phi_0(z) &= 1 \\
\phi_1(z) &= z \\
&\cdots \\
\phi_j(z) &= 2z\phi_{j-1}(z) - \phi_{j-2}(z)
\end{aligned} \tag{6.82}
$$

で与える.チェビシェフ近似のノードと基底関数をグラフに描くと,図6.5のようになる[25].

いま,$[a, b]$ の区間で関数 $V(s)$, $s \in [a, b]$ の $V(s) \approx \hat{\boldsymbol{\phi}}(s)^\top \boldsymbol{c}$ というチェビシェフ近似を考える.ノードは

$$\gamma(z) = \frac{(z+1)(b-a)}{2} + a \tag{6.83}$$

という関数により,上記の z_i を使って $s_i = \gamma(z_i)$ と変換すればよい.

$$z = \gamma^{-1}(s) = \frac{2(s-a)}{b-a} - 1 \tag{6.84}$$

なので,基底関数は上記の $\phi_j(z)$ を使って,

$$\hat{\phi}_j(s) = \phi_j(\gamma^{-1}(s)), \quad j = 0, 1, 2, ..., n-1 \tag{6.85}$$

とおく.つまり,

---

24) 内挿は補間ともいう.

25) チェビシェフ近似は,ある基準での近似のよさ,具体的にはミニマックス性をもっている.詳細については森[2002](文献[20])を参照されたい.

図6.5　チェビシェフ近似のノードと基底関数 ($n = 9$)

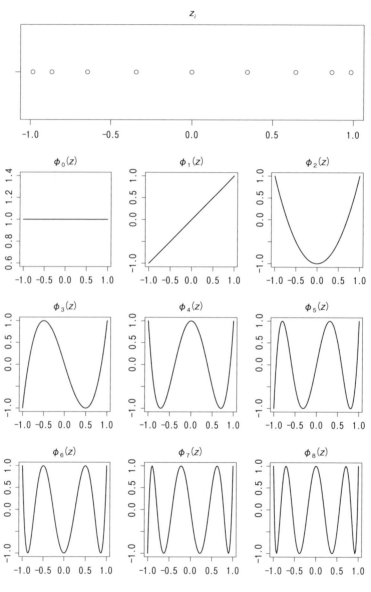

$$\widehat{\boldsymbol{\phi}}(s) = [\phi_0(\gamma^{-1}(s)) \quad \phi_1(\gamma^{-1}(s)) \quad \cdots \quad \phi_{n-1}(\gamma^{-1}(s))]^\top \qquad (6.86)$$

を基底関数とする. v_i を s_i での V の値とすると, 係数 $\boldsymbol{c}$ は $\boldsymbol{c}$ を未知変数とする n 元連立方程式

$$v_i = \widehat{\boldsymbol{\phi}}(s_i)^\top \boldsymbol{c}, \quad i = 1, 2, ..., n \qquad (6.87)$$

を解くことで求まる. こうして求めた係数 $\boldsymbol{c}$ を用いて

$$\widetilde{V}(s) = \widehat{\boldsymbol{\phi}}(s)^\top \boldsymbol{c} \qquad (6.88)$$

と定義すれば, 関数 $\widetilde{V}$ が V のチェビシェフ近似による関数近似となる.

2 変数関数 $f(s_1, s_2)$ をチェビシェフ近似により関数近似する場合, 格子状に $n_1 n_2 = n$ 個のノード

$$\boldsymbol{s}_{ij} = [s_i \quad s_j]^\top = [\gamma_1(z_i) \quad \gamma_2(z_j)]^\top \quad (i = 1, 2, ..., n_1, \ j = 1, 2, ..., n_2) \qquad (6.89)$$

をとり, 基底関数は,

$$\widehat{\boldsymbol{\phi}}(\boldsymbol{s}_{ij}) = \boldsymbol{\phi}(\gamma_2^{-1}(s_j)) \otimes \boldsymbol{\phi}(\gamma_1^{-1}(s_i)) \qquad (6.90)$$

とおけばよい[26]. z_i, z_j は (6.80) 式のように定義し, γ_1, γ_2 は f を関数近似したい領域に応じて (6.83) 式の要領で定義する.

6.4.2 方策関数反復法 (policy iteration method) ♠♠

6.1 節の最適化問題を n_x 個のジャンプ変数と n_s 個の状態変数がある場合に一般化してベルマン方程式を導出しておく. すなわち,

---

26) $\otimes$ はテンソル積 (クロネッカー積) で, 例えば

$$\begin{bmatrix} 1 \\ b \end{bmatrix} \otimes \begin{bmatrix} 1 \\ a_1 \\ a_2 \end{bmatrix} = \begin{bmatrix} 1 \\ a_1 \\ a_2 \\ b \\ a_1 b \\ a_2 b \end{bmatrix} \qquad (6.91)$$

である.

$$\max_{x} \sum_{i=0}^{\infty} \beta^i U(\boldsymbol{x}_{t+i}) \tag{6.92}$$
$$\text{s.t.} \quad \boldsymbol{s}_{t+1} = \boldsymbol{g}(\boldsymbol{s}_i, \boldsymbol{x}_i), \quad i \geq t$$

という最適化問題を考える. 目的関数 U は $U : \mathbb{R}^{n_x} \to \mathbb{R}$ であり, $\boldsymbol{x}_t$ は n_x 個のジャンプ変数 $x_{1,t}, x_{2,t}, ..., x_{n_x,t}$ を縦に並べた列ベクトル, $\boldsymbol{s}_t$ は n_s 個の状態変数 $s_{1,t}, s_{2,t}, ..., s_{n_s,t}$ を縦に並べた列ベクトルとする. 関数 $\boldsymbol{s}_{t+1} = \boldsymbol{g}(\boldsymbol{s}_t, \boldsymbol{x}_t)$ は, それぞれの状態変数に対する遷移式を $g_1, g_2, ..., g_{n_s}$ として

$$\boldsymbol{s}_{t+1} = \begin{bmatrix} g_1(\boldsymbol{s}_t, \boldsymbol{x}_t) \\ g_2(\boldsymbol{s}_t, \boldsymbol{x}_t) \\ \vdots \\ g_{n_s}(\boldsymbol{s}_t, \boldsymbol{x}_t) \end{bmatrix} \tag{6.93}$$

を意味する.

　ここで, 価値関数 $V(\boldsymbol{s}_t) : \{S_i\}_{i=1}^{n_s} \to \mathbb{R}$ を

$$V(\boldsymbol{s}_t) = \max_{x} \sum_{i=0}^{\infty} \beta^i U(\boldsymbol{x}_{t+i}) \tag{6.94}$$

と定義する. 価値関数とは, 動的計画問題の目的関数のとりうる最大値を状態変数 $\boldsymbol{s}_t$ の関数として表したものである. (6.94)式を 1 期先の価値関数 $V(\boldsymbol{s}_{t+1}) = V(\boldsymbol{g}(\boldsymbol{s}_t, \boldsymbol{x}_t))$ を用いて,

$$V(\boldsymbol{s}_t) = \max_{x_t} \{ U(\boldsymbol{x}_t) + \beta V(\boldsymbol{g}(\boldsymbol{s}_t, \boldsymbol{x}_t)) \} \tag{6.95}$$

と再帰的な形式に書き直したのがベルマン方程式である. すでに説明したとおり, ベルマン方程式は変数ではなく関数を解とする関数方程式であり, 両辺に出てくる関数 V がその解となる関数である. この場合も, ジャンプ変数 $\boldsymbol{x}_t$ のとる値を状態変数 $\boldsymbol{s}_t$ の関数として表した方策関数が定義でき, 方策関数は,

$$\boldsymbol{x}_t = \boldsymbol{h}(\boldsymbol{s}_t) = \begin{bmatrix} h_1(\boldsymbol{s}_t) \\ h_2(\boldsymbol{s}_t) \\ \vdots \\ h_{n_x}(\boldsymbol{s}_t) \end{bmatrix} \tag{6.96}$$

と複数の関数を集めたものになる. (6.4)式と同様に, 方策関数は,

$$\boldsymbol{h}(\boldsymbol{s}_t) = \operatorname*{argmax}_{x_t} \{ U(\boldsymbol{x}_t) + \beta V(g(\boldsymbol{s}_t, \boldsymbol{x}_t)) \} \tag{6.97}$$

と表せる．多くの場合，方策関数 h を解析的に求めることは不可能なので，それを具体的に求めたい場合には，他の関数で近似する必要がある．

関数近似した方策関数は，(6.97)式の関係を利用して以下の方策関数反復法というアルゴリズムにより求められる[27]．

方策関数反復法（Policy Iteration Method）

ノードをセット（ノード数を n とする）

V の関数近似の初期値 $\widetilde{V}^{(0)}$ をセット

repeat

各ノード s_k について $x_t^{(j)} \leftarrow \underset{x_t}{\mathrm{argmax}} \{U(x_t) + \beta \widetilde{V}^{(j-1)}(g(s_k, x_t))\}$ を計算

$\{x_t^{(j)}\}_{k=1}^{n}$ により関数近似 $\widetilde{h}^{(j)}$ を定義

各ノード s_k について $s_t = s_k$ を初期値として $v^{(j)} \leftarrow \sum_{i=0}^{\infty} \beta^i U(\widetilde{h}^{(j)}(s_{t+i}))$ を計算

$v^{(j)}$ により $\widetilde{V}^{(j)}$ を定義

until $|v^{(j)} - v^{(j-1)}| < \epsilon$

チェビシェフ近似により関数近似を行うとすると，まず6.4.1項の要領でノードを決める．V の関数近似の候補から各ノードにおける値を求め，係数 $c^{V(0)}$ を求める．ここまでが，「V の関数近似の初期値 $\widetilde{V}^{(0)}$ をセット」にあたる．次に，各ノードについてベルマン方程式を満たす x_t の組み合わせを数値計算により求め，それをもとに方策関数 h の関数近似 $\widetilde{h}$ を求める．さらに，$\widetilde{h}$ を使って各ノードにおける価値関数の値を求め，係数 $c^{V(j)}$ を更新する．ここまでが，繰り返し計算の中身である．

繰り返し計算の中で，全てのノードにおける価値関数 V の値 v が変化しなくなった場合に，アルゴリズムが収束したとみなして終了する．ϵ は収束判断の基準で，ごく小さい値に設定する[28]．このような収束計算の結果として求めた方策関数の関数近似 $\widetilde{h}$ をインパルス応答の計算などに利用する．

---

27) ここではごく簡単な説明に留める．詳細や他の具体例については，Miranda and Fackler [2002]（文献[7]）を参照していただきたい．

28) $|a - b| = \sqrt{(a-b)^{\top}(a-b)}$ という意味で，$|v^{(j)} - v^{(j-1)}| < \epsilon$ とは，大雑把に「$v^{(j)}$ と $v^{(j-1)}$ がほぼ同じこと」を意味する．これが，繰り返し計算の終了の条件である．

6.4.3　例：RBC モデルの方策関数の関数近似 ♠♠

RBC モデルのベルマン方程式は,

$$V(K_t, A_t) = \max_{C_t, L_t} \{\ln(C_t) - \mu L^{\gamma+1} + \beta V(K_{t+1}, A_{t+1}))\} \tag{6.98}$$

$$K_{t+1} = A_t K_t^\alpha L_t^{1-\alpha} + (1-\delta)K_t - C_t \tag{6.99}$$

$$A_{t+1} = A_t^\rho \tag{6.100}$$

と定式化できる. 本来, $\ln(A_{t+1}) = \rho\ln(A_t) + \varepsilon_{t+1}$ だが, ε_{t+1} は t 時点には知り
えないものとして, その平均値である 0 で置き換えた上で, 両辺の指数関数を
とった[29].

具体的に, 方策関数反復法により方策関数の関数近似を求めよう. パラメー
タは 4 章の設定と同じにし (したがって6.3.2項と同じ), 定常状態では
$K^* = 14.3$, $A^* = 1$ であることを考慮して K については区間 $[1, 30]$ でノード
をとり, A については区間 $[0.9, 1.1]$ でノードをとる. ノード数は, 両方とも
15とした. したがって, $15^2 = 225$ 個の基底関数と係数により価値関数と C_t に
ついての方策関数を

$$V(K_i, A_j) \approx \widetilde{V}(K_i, A_j) = \widehat{\boldsymbol{\phi}}^V(K_i, A_j)^\top \boldsymbol{c}^V \tag{6.101}$$

$$h^c(K_i, A_j) \approx \widetilde{h}^c(K_i, A_j) = \widehat{\boldsymbol{\phi}}^c(K_i, A_j)^\top \boldsymbol{c}^c \tag{6.102}$$

と関数近似する. L についての方策関数は, 一階の条件により

$$L_t = \left\{ \frac{(1-\alpha)A_t K_t^\alpha}{(\gamma+1)\mu C_t} \right\}^{\frac{1}{\gamma+\alpha}} \tag{6.103}$$

で, t 期の状態変数と C_t の関数なので関数近似の必要はない. 方策関数反復
法により求めた方策関数の関数近似 $\widetilde{h}^c(K_t, A_t)$ をグラフに描くと, 図6.6のよ
うになる. h^c が 2 変数関数なので, $\widetilde{h}^c$ も空間における曲面として描かれ
る[30].

---

29) $\varepsilon_i, i \geq t+1$ の分布のみ知っている (例えば独立に平均ゼロ, 分散一定の正規分布に
従う) として計算することもできる. この場合計算量は増えるが, $\varepsilon_i, i \geq t+1$ をゼロ
で置き換えて計算した場合と一般にはそれほど大きな差は出ない (もちろん, その差異
が重要であると考える場合もある).

図6.6 方策関数 $C_t = h^c(K_t, A_t)$ のチェビシェフ近似 (ノード数は 15^2)

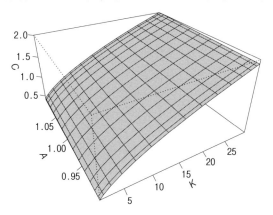

　次に，この方策関数を用いてインパルス応答を計算してみよう．$t = 1$ にお
いて K_1 は定常値 K^* に一致し，A_1 は定常値 1 より 1 ％大きい $A_1 = 1.01$ にあ
ったとしよう．図6.4を描いたときと同様，$t = 0$ において $A_t = 1$ であり
$t = 1$ に $\varepsilon_1 = 0.01$ というショックが加わった場合とも解釈できる．この方法で
求めた方策関数 $h^c(K_t, A_t)$ の関数近似 $\tilde{h}^c(K_t, A_t)$ により描いたインパルス応答
が，図6.7である．図6.4とほぼ同じであることは明白であろう．

　この場合でも，t を充分大きくとると，C_t, K_t は定常値に近づく．したがっ
て，遠い将来に定常状態に至ると仮定して連立方程式を解くというのは，
RBC モデルでも妥当な方法であったことが示せた[31]．

---

30) 方策関数を行列 P を用いて $\hat{\boldsymbol{x}}_t = P\hat{\boldsymbol{s}}_t$ と近似する6.3節の方法では，近似した方策関数
　をグラフに描くと，定常状態を表す点を通る平面になる．方策関数 $C_t = h^c(K_t, A_t)$ 自
　体も，定常状態を表す点を通る．

31) 4章のように，遠い将来に定常状態に至ると仮定して連立方程式を解くことによって
　描いたインパルス応答と図6.4，図6.7とがどれだけ近いかは，読者自身でぜひ確かめて
　いただきたい．

図6.7　$\varepsilon_1 = 0.01$ のショックを与えた場合のインパルス応答（定常値からの乖離率（％））

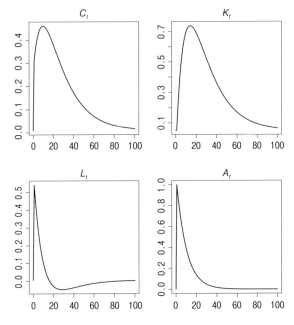

6.5　最適化手法のまとめ

　ここまで，モデルの解，すなわちインパルス応答やシミュレーション結果を求める方法を複数紹介してきたが，それらの特徴を箇条書き形式でまとめておく（図6.8も参照）．

- 最適化の一階の条件(a)は，ラグランジアンを用いてもベルマン方程式を用いても全く同じ方程式が導出される．
- 方策関数の関数近似(b)は，繰り返し計算が必要なため計算コストが大きいが，解の範囲に制約がある場合など，ベルマン方程式に微分不可能な点が含まれる場合に，特に有効である．
- 連立方程式として解く場合(c)は，それぞれの主体が将来の外生変数の値を全て知っているという前提で解くことになる（完全予見解）[32]．価値

図6.8 解法の比較

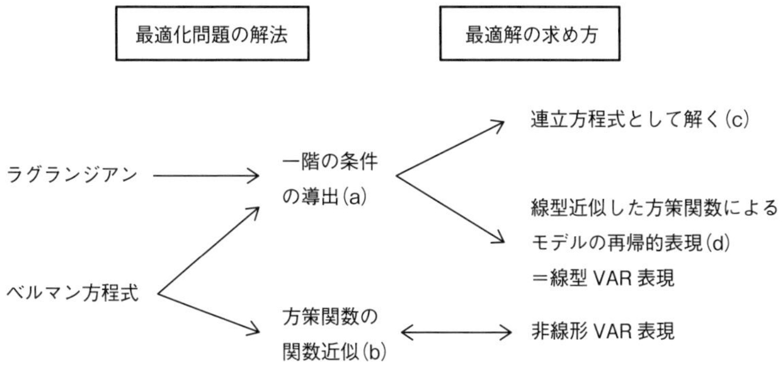

関数，方策関数が毎期変化する場合にも対応できる．

- 線型近似した方策関数によるモデルの再帰的表現(d)は，パラメータ推定に有用である（8章で説明する）．方法のバリエーションは複数存在する[33]．

- VAR（Vector Auto-Regression）とは，来期のモデル変数の値を当期以前のモデル変数の値の関数として再帰的に表現したモデルをいう．線型近似した方策関数によるモデルの再帰的表現(d)による VAR 表現は行列で表現できる線型 VAR であり[34]，反復計算を用いた方策関数の関数近似(b)による VAR 表現は行列で表現できない非線型 VAR になる．

ラグランジュの未定乗数法は単に極値を求める方法であって，厳密には，本当に最適化が実現されているかどうか他の方法によって確かめる必要がある．

---

32) (c)の方法は，extended path method とも呼ばれる．

33) 最も基本的なのが Blanchard and Kahn の方法だが，他にも Sims の方法（Sims, C. A. [2002] "Solving Linear Rational Expectations Models," *Computational Economics*, Vol. 20, No.1-2, pp.1-20.）などがある．このほか，摂動法（perturbation method）を用いると，方策関数の二次以上の近似も可能である．

34) (6.59)式のように，モデルを行列 D を用いて

$$\begin{bmatrix} \hat{\boldsymbol{x}}_{t+1} \\ \hat{\boldsymbol{s}}_{t+1} \end{bmatrix} = D \begin{bmatrix} \hat{\boldsymbol{x}}_t \\ \hat{\boldsymbol{s}}_t \end{bmatrix}$$

と表現するということである．

ラムゼイモデル，RBCモデルでは，ベルマン方程式から解析的に最適解のパスの存在可能性を議論することは可能であるが，本章ではあえてそのような数学的な議論は避けて，近似計算によって最適解の性質，特に，どのような初期値が与えられても（途中に何もショックがなければ）遠い将来に定常状態に到達することを数値計算により示した．ただし，実用上は，モデルが発散せずかつ解が一意に存在するかの確認には，モデルの再帰的表現(d)を求める途中で得られる行列の固有値の絶対値を調べるのが簡単でよい[35]．

　ニューケインジアン・モデルは，家計の効用最大化問題と企業の利潤の割引現在価値最大化問題という2つの異時点間の最適化問題を含んでいる．この場合，複数の価値関数が存在するため，前節までのような1つのベルマン方程式を用いた議論はそのまま適用できない．ただし，ニューケインジアン・モデルでは，一階の最適化条件と状態変数の遷移式を合わせるとちょうど未知変数の数と一致するため，いわば競争均衡解と呼ぶべき解が求まる．

◀6章の補遺▶

　本章の記述の多くは，加藤[2007]（文献[12]）とMiranda and Fackler [2002]（文献[7]）を参考にした．チェビシェフ近似については結果を紹介するに留めたが，フーリエ級数展開との関係など数学的な意味については森[2002]（文献[20]）が詳しい．

---

35) 脚注21も参照のこと．特に，(c)の方法を用いる場合には，(d)の計算途中の行列の固有値をチェックして，定常状態の近傍においてモデルが発散せずかつ解が一意に定まることを確認しておくことが望ましい．

第7章 金融政策ルールと最適金融政策

5章のニューケインジアン・モデルでは，名目利子率が金融政策ルールの一種である Taylor ルールに従うものと仮定した．モデルの解が一意に決定するためには，金融政策ルールの係数がある一定の範囲の値でなければならないことが知られている．本章では，まず，前章の対数線型化したモデルに関する係数行列の固有値の条件を用いて，解が一意に決定するための金融政策ルールの係数が満たすべき条件と，モデルに唯一の解が存在することの意味について考える．

一方で，金融政策ルールはニューケインジアン・モデルを"閉じる"には不可欠な要素であるが，Taylor ルールは過去の中央銀行の意思決定，具体的には米国の連邦準備制度理事会（Federal Reserve Board）の金融政策の近似として帰納的に導かれたものであり，その意味では明確な理論的根拠があるわけではない．現実には，中央銀行は家計や企業と同様，何らかの意図をもった経済主体である．したがって，中央銀行も何らかの目的を達成するように金融政策を実施すると考えるのが自然であろう．本章の後半では，中央銀行の目的を達成するような最適な金融政策はどのようなものなのかについて論じる．

7.1 金融政策ルールとモデルの解の一意性 ♠

対数線型化したニューケインジアン・モデル（5章の補論参照）の主要部分は，ニューケインジアン IS 曲線

$$\hat{x}_t = \hat{x}_{t+1} - (\hat{i}_t - \pi_{t+1} - \hat{r}_t^n) \tag{7.1}$$

ニューケインジアン・フィリップス曲線

$$\pi_t = \beta\pi_{t+1} + \kappa\hat{x_t} \tag{7.2}$$

金融政策ルール

$$\hat{i_t} = \hat{r_t^n} + \phi_\pi\pi_t + \phi_y\hat{x_t} \tag{7.3}$$

の3式である．ここで，$\hat{x_t}$ は GDP ギャップ，π_t はインフレ率，$\hat{i_t}$ と $\hat{r_t^n}$ はそれぞれ名目利子率と自然利子率の定常値からの乖離であり，外生ショックはゼロとしている．また，ここでの金融政策ルールは，5章での Taylor ルールに換えて，右辺に $\hat{r_t^n}$ を加えてある．

以下では，行列を用いて表現した対数線型化されたモデルに唯一の解が存在するための固有値に関する条件（前章の6.3.1項参照）を用いて，金融政策ルールの係数 ϕ_π, ϕ_y が満たすべき条件を求める．(7.3)式を(7.1)式に代入し，(7.2)式とあわせて行列を用いて書き直すと，

$$\begin{bmatrix} 1+\phi_y & \phi_\pi \\ -\kappa & 1 \end{bmatrix}\begin{bmatrix} \hat{x_t} \\ \pi_t \end{bmatrix} = \begin{bmatrix} 1 & 1 \\ 0 & \beta \end{bmatrix}\begin{bmatrix} \hat{x_{t+1}} \\ \pi_{t+1} \end{bmatrix} \tag{7.4}$$

となる．両辺を入れ替えて，$[\hat{x_t}\ \pi_t]^\top$ の係数行列の逆行列を左から掛けると[1]，

$$\frac{1}{1+\phi_y+\kappa\phi_\pi}\begin{bmatrix} 1 & -\phi_\pi \\ \kappa & 1+\phi_y \end{bmatrix}\begin{bmatrix} 1 & 1 \\ 0 & \beta \end{bmatrix}\begin{bmatrix} \hat{x_{t+1}} \\ \pi_{t+1} \end{bmatrix} = \begin{bmatrix} \hat{x_t} \\ \pi_t \end{bmatrix}$$

$$\Leftrightarrow \quad \frac{1}{1+\phi_y+\kappa\phi_\pi}\begin{bmatrix} 1 & 1-\beta\phi_\pi \\ \kappa & \kappa+\beta(1+\phi_y) \end{bmatrix}\begin{bmatrix} \hat{x_{t+1}} \\ \pi_{t+1} \end{bmatrix} = \begin{bmatrix} \hat{x_t} \\ \pi_t \end{bmatrix} \tag{7.5}$$

である．

次に，行列 $A = \frac{1}{\chi}\begin{bmatrix} 1 & 1-\beta\phi_\pi \\ \kappa & \kappa+\beta(1+\phi_y) \end{bmatrix}$ の固有値を求める（$\chi = 1+\phi_y+\kappa\phi_\pi$ とおいた）．6.2.2項で説明したように，固有値は $\boldsymbol{x}$ を固有ベクトルとして

$$A\boldsymbol{x} = \alpha\boldsymbol{x} \tag{7.6}$$

を満たす α をいう．右辺を左辺に移項して整理すると，単位行列 I_2 を用いて

---

1) 2×2 行列 $\begin{bmatrix} a & b \\ c & d \end{bmatrix}$ の逆行列は（計算ですぐ確かめられるように），$\frac{1}{ad-bc}\begin{bmatrix} d & -b \\ -c & a \end{bmatrix}$ で与えられる．なお，$ad-bc = 0$ の場合には逆行列が存在しない．

$$(A - \alpha I_2)\boldsymbol{x} = \boldsymbol{0} \tag{7.7}$$

となるが，$(A - \alpha I_2)$ に逆行列が存在すると $\boldsymbol{x} = \boldsymbol{0}$ となり，固有ベクトルが存在しないことになる．したがって，$(A - \alpha I_2)$ に逆行列が存在しないような α が固有値であることがわかる．脚注1の結果を用いると，方程式

$$
\begin{aligned}
& (1 - \chi\alpha)(\kappa + \beta + \beta\phi_y - \chi\alpha) - (1 - \beta\phi_\pi)\kappa = 0 \\
\Leftrightarrow \quad & \chi\alpha^2 - (1 + \kappa + \beta + \beta\phi_y)\alpha + \beta = 0 \\
\Leftrightarrow \quad & \chi\alpha^2 - b\alpha + \beta = 0
\end{aligned}
\tag{7.8}
$$

の2個の解，具体的には二次方程式の解の公式を用いると，

$$\alpha = \frac{b \pm \sqrt{b^2 - 4\beta\chi}}{2\chi} \tag{7.9}$$

が固有値である．$\hat{x}_t, \pi_t$ は両方ともジャンプ変数であるため，前章の6.3.1項で議論したとおり，この2個の固有値の絶対値が1より小さいこと，つまり $|\alpha| < 1$ が唯一の解が存在する必要十分条件である．小さいほうの固有値を α_1，他方を α_2 とすると，$\alpha_1 > -1$ かつ $\alpha_2 < 1$ と同値であるが，$\chi > 0$ のとき，それぞれ

$$\chi + b + \beta > 0 \tag{7.10}$$
$$\chi - b + \beta > 0 \tag{7.11}$$

と整理できる．$b > 0$ ならば（$b \leq 0$ となるのは，ϕ_y が0から離れた負値である場合に限られる）後者，すなわち

$$\kappa(\phi_\pi - 1) + (1 - \beta)\phi_y > 0 \tag{7.12}$$

が唯一の解が存在する必要十分条件である．この条件が満たされないとき，モデルに複数の解が存在する．モデルに唯一の解が存在することを決定的（determinate）であるといい，モデルに複数の解が存在することを不定（indeterminate）であるという．図7.1に，パラメータを5章の設定と同様 $\beta = 0.99$，$\gamma = 5$, $\varrho = 0.9$，したがって $\kappa = \frac{(1-\varrho)(1-\varrho\beta)(\gamma+1)}{\varrho} = 0.0727$ とおいた場合の，モ

図7.1　モデルに唯一の解が存在する領域（determinate）と
複数の解が存在する領域（indeterminate）

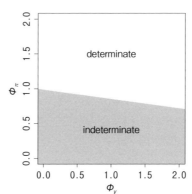

デルに唯一の解が存在する領域と複数の解が存在する領域を示した．

　モデルに複数の解が存在するというのは，この場合何を意味しているのだろうか．数学的には，内生変数のパスが定まらないこと，つまりインフレ率とGDP ギャップの一方または両方が定常状態をもたず発散することを意味する．モデルに唯一の解が存在するためには，例えば $\phi_y = 0$ ならば $\phi_\pi > 1$ でなければならない．つまり，中央銀行は 1 ％ポイントのインフレ率の上昇に対して 1 ％ポイント超の金融引き締め（名目利子率の引き上げ）で対応しなければならない．もし，金融政策ルールがこの条件を満たさないならば，インフレ率またはGDP ギャップの変動が非常に大きくなり，経済が不安定化することを意味する[2]．

7.2　最適金融政策

7.2.1　中央銀行の目的関数と制約条件

　前節では，5 章のニューケインジアン・モデルの設定の下で，金融政策ルー

　2）次節で議論するように，インフレ率と GDP ギャップが定常値から乖離すると，家計の効用が低下する．

ルが満たさなければならない条件を明らかにした．これは，ある意味，中央銀
行が最低限やらなければならないことであるというべきだろう．もちろん，現
実には，金融政策を担う中央銀行にはもっと大きな役割が期待されている．

　それでは，中央銀行は何を目的として金融政策を実施すると考えるべきだろ
うか．まず，中央銀行は，公的機関として一国の社会的厚生（social welfare）
の最大化を目標としているとみなすべきだろう．モデルの中で一国の社会的厚
生を代理するのは，家計の効用である．本章の補論で示すように，一定の仮定
の下では，家計の効用の定常値からの乖離は，定数項と比例定数を除けば以下
のような，GDP ギャップとインフレ率の二乗の加重和の割引現在価値

$$
\mathrm{W} \simeq -\frac{1}{2}\sum_{i=0}^{\infty}\beta^i(\pi_{t+i}^2+\lambda\hat{x}_{t+i}^2) \tag{7.13}
$$

で近似できる[3]．つまり，（中央銀行が）インフレ率 π_t と GDP ギャップ $\hat{x}_t$ の
変動を抑え，ゼロに近づけることで社会的厚生が改善する．

　以上の議論から，中央銀行は社会的厚生 W を目的関数として金融政策を実
施すればよいことがわかる[4]．制約条件となるのは，前節と同じくニューケイ
ンジアン IS 曲線とニューケインジアン・フィリップス曲線

$$
\hat{x}_t = \hat{x}_{t+1}-(\hat{i}_t-\pi_{t+1})+u_t \tag{7.15}
$$

$$
\pi_t = \beta\pi_{t+1}+\kappa\hat{x}_t+e_t \tag{7.16}
$$

である．ただし，両式にそれぞれ需要ショック u_t とコストプッシュ・ショッ
ク e_t が付加してある．需要ショックは自然利子率を変化させるようなショッ
クであり，例えば技術ショックが含まれる[5]．コストプッシュ・ショックに
は，マークアップの外生的な変動や労働所得税の変動が含まれる[6]．

3）ウエイト λ は，

$$
\lambda = \left[\frac{(1-\varrho)(1-\varrho\beta)}{\eta\varrho}\right](1+\gamma) \tag{7.14}
$$

すなわち他のパラメータの関数として与えられる．
4）|W| を損失関数とし，その最小化を目的とするとも言い換えられる．
5）効用関数に選好ショック（割引率ショック）を入れたり，政府支出ショックを入れた
りした場合には，それらも需要ショックに含まれる．

7.2.2 コミットメント型金融政策

前項の議論に従い，中央銀行は以下のような最適化問題

$$
\begin{aligned}
\max_{\hat{i}, \pi, \hat{x}} \ \mathbb{W} &= -\frac{1}{2} \sum_{i=0}^{\infty} \beta^i (\pi_{t+i}^2 + \lambda \hat{x}_{t+i}^2) \\
\text{s.t. } \hat{x}_i &= \hat{x}_{i+1} - (\hat{i}_i - \pi_{i+1}) + u_i \\
\pi_i &= \beta \pi_{i+1} + \kappa \hat{x}_i + e_i, \quad i \geq t
\end{aligned}
\tag{7.17}
$$

に直面しているものとしよう[7]．この問題の解をコミットメント型金融政策と呼ぶ理由は後段で議論する．ラグランジアンは，θ_t, ψ_t をラグランジュ乗数として

$$
\begin{aligned}
\Lambda = \sum_{j=t}^{\infty} \beta^{j-t} \Big[&-\frac{1}{2}(\pi_j^2 + \lambda \hat{x}_j^2) + \theta_j(-\hat{x}_j + \hat{x}_{j+1} - \hat{i}_j + \pi_{j+1} + u_j) \\
&+ \psi_j(-\pi_j + \beta \pi_{j+1} + \kappa \hat{x}_j + e_j) \Big]
\end{aligned}
\tag{7.18}
$$

と書ける．まず，$\hat{i}_t$ に関する一階の条件は，$j \geq 0$ について

$$
\theta_{t+j} = 0
\tag{7.19}
$$

である．これは，名目利子率 $\hat{i}_t$ がニューケインジアン IS 曲線(7.15)式にのみ含まれるため，(7.15)式が制約にならないことを意味している．モデルとしては，他の式から決まる $\hat{x}_{t+j}$, π_{t+j}, $j \geq 0$ が与えられれば，$\hat{i}_t = -\hat{x}_t + \hat{x}_{t+1} + \pi_{t+1} + u_t$ として $\hat{i}_t$ が決まることを意味している．これは同時に，需要ショック u_t が制約にならないこと，つまり金融政策によって需要ショックが完全に相殺できることを意味する．

次に，π_t, $\hat{x}_t$ に関する一階の条件は，$j \geq 0$ について

$$
\pi_{t+j} + \psi_{t+j} - \psi_{t+j-1} = 0
\tag{7.20}
$$

$$
\lambda \hat{x}_{t+j} - \kappa \psi_{t+j} = 0
\tag{7.21}
$$

である（左辺の符合は入れ替えた）．ただし，$\theta_{t+j} = 0$ を用い，$\psi_{t-1} = 0$ である．後者の点は後で重要であることがわかる．

6）コストプッシュ・ショックについては脚注14も参照．
7）このような社会的厚生に関する最適化問題は，ラムゼイ問題と呼ばれる．

図7.2 コストプッシュ・ショックに対するインパルス応答（定常値からの乖離，単位%）

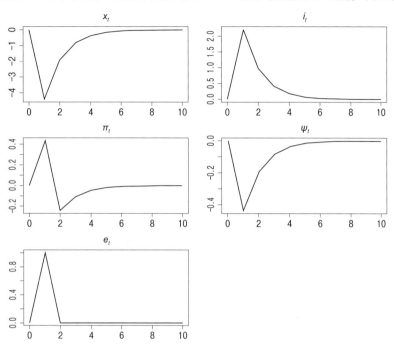

　次に，コストプッシュ・ショック e_t が生じた場合のインパルス応答を見ることで，最適金融政策の下で各変数がどのような影響を受けるのかを確認しよう．5章までの他のモデルと同様，遠い将来に内生変数 π_t, $\hat{x}_t$, $\hat{i}_t$, ψ_t が定常値に収束する．この場合は変数が全て定常値からの乖離で定義されているのでゼロになるという仮定の下で，(7.15)式，(7.16)式，(7.20)式および(7.21)式を同時に解けばよい．ここで，e_t については AR(1) 過程は仮定しない，つまり4章と5章の技術ショック，金融政策ショックと異なり，ある期に生じたコストプッシュ・ショックは粘着性がなく，次期には完全に消失するものとする[8]．

8）需要ショック u_t については，(7.15)式が制約にならないことから，そのインパルス応答は $\hat{i}_t$ のみを変動させる．具体的には $\hat{i}_t = u_t$ となる．

　図7.2に $e_1 = 0.01$ というショックが加わった場合の各変数のインパルス応答を示した．パラメータは，5 章の設定と同様 $\beta = 0.99$, $\gamma = 5$, $\varrho = 0.9$, $\eta = 10$ とおいた．正のコストプッシュ・ショックはインフレ率を引き上げ，GDP ギャップを悪化させるが，それらのゼロからの乖離が最も小さくなるように中央銀行が金融政策を実施していることになる．まず指摘できるのは，コストプッシュ・ショックそれ自体に粘着性がないにもかかわらず，GDP ギャップ $\hat{x}_t$ の反応は粘着的であるということである．モデルを改めて見直すと，金融政策の内容はラグランジュ乗数 ψ_t で表されており，かつモデルがその無限期先までの（フォワード・ルッキングな）項 $\psi_{t+1}, \psi_{t+2}, \ldots$ を含むことから，このような粘着性が生じることがわかる．インフレ率 π_t は，コストプッシュ・ショックの影響で $t = 1$ には上昇するが，$t = 2$ 以降はむしろ定常値よりも低くなる．名目利子率 $\hat{\imath}_t$ は常に引き締め状態に（つまり正で）あるが，徐々に定常状態へと収斂していく．

　この最適金融政策の導出で重要なのは，初期 $t = 1$ 時点で既知のコストプッシュ・ショック（それは通常 e_1 のみである）に対応するための金融政策は，$t = 1$ 時点で無限期先まで決定し，その後変更することはないと想定していることである．つまり，$t = 1$ 時点で遠い将来までの金融政策をコミット（約束）していることになる．この最適化問題の解をコミットメント型金融政策と呼ぶ理由はこのためである．一方で，$t = 1$ 時点で生じたコストプッシュ・ショックは $t = 2$ 時点には消失しているが，インフレ率と GDP ギャップにはその影響が残っている．遠い将来までの金融政策を約束しているためである．

　ここで興味深いのは，$t = 2$ 以降はインフレ率と GDP ギャップは両方とも定常値よりも低い水準であることである．5 章のニューケインジアン・モデルの議論を思い出せば，金融緩和はインフレ率と GDP ギャップの両方を引き上げる効果がある．そのため，$t = 2$ 以降，中央銀行には金融緩和を実施する強いインセンティブが存在する．数学的には，$t = 1$ にコミットした $\{\psi_t\}_{t=1}^{\infty}$ を $t = 2$ 以降のある時点で反故にして，新たに最適化問題を解き直すことを意味する．このような問題が生じるのは，最適化問題(7.17)の解が $j = 0$ と $j \geq 1$ の場合で異なるためであり，これを時間不整合（time inconsistent）という．具体的には，(7.20)式で初期についてのみ $\psi_{t-1} = 0$ であることが時間不整合性

を表す.

　では，このように金融政策の実施にあたって時間不整合性が存在する場合に家計や企業はどう考えるだろうか. 合理的かつフォワード・ルッキングに行動する家計と企業は，中央銀行がある時点でコミットした金融政策はいずれ破棄されることを見越して行動するだろう. 一方で，図7.2のインパルス応答は，中央銀行がある時点でコミットした金融政策が未来永劫破棄されず，かつ破棄されないと家計と企業が信じた場合にのみ実現する. ところが，時間不整合性が存在するため，この仮定は非現実的であり，したがって，このインパルス応答は単に理想を描いたものにすぎず，現実的にはほとんど起こりえない机上の空論であるともいえよう.

7.2.3 裁量型金融政策

　ここまで，コミットメント型金融政策は家計の効用を最大化するという意味で望ましいが，問題の設定自体に時間不整合性が存在するため，実現が困難であることをみてきた. コミットメント型金融政策に時間不整合が生じるのは，それが無限期間の最適化問題の解であるためである. 遠い将来まで金融政策をコミットするのではなく，毎期改めて金融政策を設定し直すのであれば，時間不整合は生じない. 例えば，最適化問題(7.17)を当期 t についてのみ解けばよい. 対応する最適化問題は，

$$\max_{i_t,\pi_t,\hat{x}_t} -\frac{1}{2}(\pi_t^2+\lambda\hat{x}_t^2)$$
$$\text{s.t. } \hat{x}_t = \hat{x}_{t+1}-(\hat{i}_t-\pi_{t+1})+u_t \tag{7.22}$$
$$\pi_t = \beta\pi_{t+1}+\kappa\hat{x}_t+e_t$$

と定式化できる. この解は，コミットメント型金融政策との対比で裁量型金融政策と呼ばれる[9].

9）最適化問題(7.22)以外にも，時間不整合が生じない最適化問題の候補は当然ありうるが，(7.22)の解である裁量型金融政策は，社会的厚生 W を尺度としたとき，本項の最後でも確認するとおり比較的よいパフォーマンスを発揮することが知られている. なお，この裁量というのはあくまでコミットメントとの対比であり，通常いうような「判断に幅が許容されている」という意味ではない.

ラグランジアンは，ψ_t をラグランジュ乗数として

$$\Lambda = -\frac{1}{2}(\pi_t^2 + \lambda \hat{x}_t^2) + \psi_t(-\pi_t + \beta \pi_{t+1} + \kappa \hat{x}_t + e_t) \qquad (7.23)$$

と書ける．前項と同様，ニューケインジアン IS 曲線(7.15)式は制約にならないので省略した．π_t, $\hat{x}_t$ に関する一階の条件は，

$$\pi_t + \psi_t = 0 \qquad (7.24)$$

$$\lambda \hat{x}_t - \kappa \psi_t = 0 \qquad (7.25)$$

なので，ラグランジュ乗数を消去して

$$\pi_t = -\frac{\lambda}{\kappa} \hat{x}_t \qquad (7.26)$$

が裁量型金融政策である．問題がシンプルなため解も簡単であり，時間不整合性も存在しない．

　次に，コストプッシュ・ショック e_t が生じた場合のインパルス応答を見ることで，裁量型金融政策の下で各変数がどのような影響を受けるのかを確認しよう．π_t, $\hat{x}_t$, $\hat{i}_t$ について(7.15)式，(7.16)式および(7.26)式を同時に解けばよいが，金融政策がフォワード・ルッキングでないため，粘着性がないコストプッシュ・ショックに対しては当期の内生変数のみ定常状態から乖離する．

　図7.3に $e_1 = 0.01$ というショックが加わった場合の各変数のインパルス応答を示した．実線が裁量型金融政策の場合，点線がコミットメント型金融政策の場合（図7.2の再掲）である．裁量型金融政策の場合，正のコストプッシュ・ショックはそのショックがあった期（$t = 1$）についてのみインフレ率を引き上げ，GDP ギャップを悪化させるが，その二乗の加重和 $-\frac{1}{2}(\pi_1^2 + \lambda \hat{x}_1^2)$ の絶対値は最小になっている．それぞれについて社会的厚生 W を計算すると（(7.13)式参照），コミットメント型金融政策の場合は -2.190×10^{-5} であるのに対し，裁量型金融政策の場合は -2.896×10^{-5} であり，前者のほうが社会的厚生の減少は小さい．

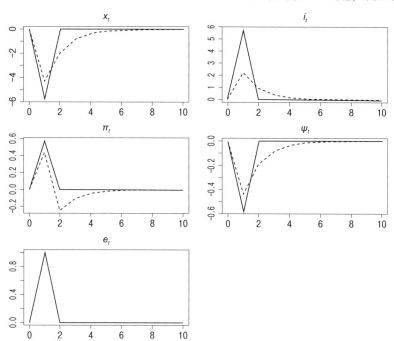

図7.3 コストプッシュ・ショックに対するインパルス応答（定常値からの乖離，単位%）

注）実線が裁量型金融政策の場合，点線がコミットメント型金融政策の場合（再掲）を表す.

7.3 7章の補論 ♠♠

7.3.1 効用関数の二次近似 ♠♠

関数 $\exp(z)$ の a の周りでの二次のテイラー展開は，

$$\exp(z) \simeq \exp(a) + \exp(a)(z-a) + \frac{1}{2}\exp(a)(z-a)^2 \qquad (7.27)$$

で与えられる. $z = \ln(Z_t)$, $a = \ln(Z)$ を代入した後，両辺から Z を引いて Z で割り，$\hat{z}_t = \ln(Z_t/Z)$ を用いると

$$\frac{Z_t - Z}{Z} \simeq \hat{z}_t + \frac{1}{2}\hat{z}_t^2 \qquad (7.28)$$

である.

t 期の効用 $U(C_t, L_t)(= \ln(C_t) - \mu L_t^{l+1})$ の定常状態周りの二次のテイラー展開は，

$$
\begin{aligned}
U(C_t, L_t) \simeq\ & U + U_C C \frac{C_t - C}{C} + \frac{1}{2} U_{CC} C^2 \left(\frac{C_t - C}{C} \right)^2 \\
& + U_L L \frac{L_t - L}{L} + \frac{1}{2} U_{LL} L^2 \left(\frac{L_t - L}{L} \right)^2 \\
& + U_{CL}(C_t - C)(L_t - L)
\end{aligned} \tag{7.29}
$$

であるが（下付き文字なしの変数は定常値），上述の二次近似を用い，その際 $\frac{U_{CC}}{U_C}C = -1,\ \frac{U_{LL}}{U_L}L = \gamma,\ U_{CL} = 0,\ C_t = Y_t$ であることを用いると[10]，

$$
U(C_t, L_t) \simeq U + U_C C \hat{y}_t + U_L L \left(l_t + \frac{1+\gamma}{2} l_t^2 \right) \tag{7.30}
$$

となる．

ここで，U_C と U_L の比 $-\frac{U_L}{U_C}$ について考える．元のモデルの独占的競争の下ではマークアップが存在することから $-\frac{U_L}{U_C} = \frac{W}{P} = \frac{\eta-1}{\eta} < 1$ であり[11]，定常状態は効率的ではない[12]．そこで，元のモデルの仮定を変更し，$-\frac{U_L}{U_C} = 1$ となるように政府が一括税を財源として賃金補助金を出す[13]．つまり $\tau_w = \frac{\eta-1}{\eta}$ を補助率として，$-\frac{U_L}{U_C} = (1+\tau_w)\frac{W}{P} = 1$ となるように政府が介入を行うとす

---

10) つまり $\dfrac{C_t - C}{C} = \hat{y}_t + \dfrac{1}{2}\hat{y}_t^2,\ \dfrac{L_t - L}{L} = l_t + \dfrac{1}{2}l_t^2$ という代入を行う．

11) マークアップとは原価に加える利潤の利幅をいう．独占的競争市場の企業は，価格を費用よりマークアップの分だけ吊り上げることにより利潤を得る．具体的には，定常状態で $W/P = (\eta-1)/\eta$ になるということは（$\eta\,(>1)$ は需要の価格弾力性），$\eta/(\eta-1)$ がグロスのマークアップ，$1/(\eta-1)$ がネットのマークアップである．

12) 以下の制約

$$
C = \left[\int_0^1 c_j^{\frac{\eta-1}{\eta}} dj \right]^{\frac{\eta}{\eta-1}}, \quad c_j = L_j, \quad L = \int_0^1 L_j dj \tag{7.31}
$$

の下で効用 $U(C, L)$ が最大になる，つまり効率性が実現する条件は $-\dfrac{U_L}{U_C} = 1$ である（ラグランジュの未定乗数法で計算できる）．

13) 一括税は，3章の式展開を見ればわかるように，家計の効用最大化の一階の条件には影響を与えない．また，労働の不効用の相対ウエイト μ が識別不可能になるのと同じ理由で，対数線型近似に差異は生じない．

る[14].

さらに，$d_t = \frac{\eta}{2}\mathrm{Var}_j[\ln(p_{j,t})]$（(7.46)式参照）として，後述の(7.40)式から

$$\hat{l}_t = \hat{y}_t - \hat{a}_t + d_t \tag{7.32}$$

が得られる．$Y_t = C_t$ を用いており，$\hat{l}_t = \ln(L_t/L)$, $\hat{y}_t = \ln(Y_t/Y)$, $\hat{a}_t = \ln(A_t)$ である．これと $U_C C = 1$, $C = L$ を用いると，(7.30)式は

$$
\begin{aligned}
U(C_t, L_t) &\simeq U - \frac{1}{2}[2d_t + (1+\gamma)(\hat{y}_t - \hat{a}_t)^2] + \text{t.i.p.} \\
&= U - \frac{1}{2}[2d_t + (1+\gamma)\hat{x}_t^2] + \text{t.i.p.}
\end{aligned} \tag{7.33}
$$

と書ける．ただし三次以上の項（d_t は二次の項として扱う）は落としてあり，t.i.p. は政策の影響を受けない項（terms independent of policy）を意味する．

定数とみなせる t.i.p. を除く毎期の効用の割引現在価値を社会的厚生 $\widetilde{W}$ とすると，

$$\widetilde{W} = \sum_{i=0}^{\infty} \beta^i [U(C_{t+i}, L_{t+i})] \simeq \frac{U}{1-\beta} - \frac{1}{2}\sum_{i=0}^{\infty}\beta^i[2d_{t+i} + (1+\gamma)\hat{x}_{t+i}^2] \tag{7.34}$$

で与えられるが，d_t に関する次項の結果を用いると，

$$\widetilde{W} \simeq \frac{U}{1-\beta} - \frac{1}{2}\Omega\sum_{i=0}^{\infty}\beta^i(\pi_{t+i}^2 + \lambda\hat{x}_{t+i}^2) \tag{7.35}$$

ここで，

$$\Omega = \left[\frac{\eta\varrho}{(1-\varrho)(1-\varrho\beta)}\right] \tag{7.36}$$

$$\lambda = \left[\frac{(1-\varrho)(1-\varrho\beta)}{\eta\varrho}\right](1+\gamma) \tag{7.37}$$

である．

---

14) 一時的に $-\dfrac{U_L}{U_C} = (1+\tau_w)\dfrac{W}{P} = 1$ の関係を壊すようなショックがコストプッシュ・ショックにあたる．例えばマークアップの外生的な変動や，労働所得税（正確には賃金補助金）の変動である．Gali [2015]（文献[3]）の5章の記述も参照．

7.3.2　価格分散（price dispersion）について ♠♠

本書のニューケインジアン・モデルにおいて労働に関する資源制約は $L_t = \int_0^1 L_{j,t} dj$ であるが，生産関数 $c_{j,t} = A_t L_{j,t}$ を積分すると，

$$\int_0^1 c_{j,t} dj = A_t L_t \tag{7.38}$$

となる．左辺は，（5.44）式を用いると

$$\int_0^1 c_{j,t} dj = C_t \int_0^1 \left(\frac{p_{j,t}}{P_t}\right)^{-\eta} dj \tag{7.39}$$

なので，$\int_0^1 \left(\frac{p_{j,t}}{P_t}\right)^{-\eta} dj$ の分だけ $A_t L_t$ と C_t の間にずれがあることになる．(7.38)式の両辺の自然対数をとり，$d_t = \ln\left(\int_0^1 \left(\frac{p_{j,t}}{P_t}\right)^{-\eta} dj\right)$ とおくと

$$\ln(C_t) + d_t = \ln(A_t) + \ln(L_t) \tag{7.40}$$

となる．d_t は価格分散（price dispersion）と呼ばれ，硬直価格理論の仮定から生じる企業間の価格設定のばらつきを意味する．ここでは，この d_t の二次近似について考える．

まず，一般物価の定義（(5.43)式）から

$$1 = \int_0^1 \left(\frac{p_{j,t}}{P_t}\right)^{1-\eta} dj \tag{7.41}$$

となるが，右辺の積分の中を定常状態の周りで二次近似すると，

$$
\begin{aligned}
\int_0^1 \left(\frac{p_{j,t}}{P_t}\right)^{1-\eta} dj &= \int_0^1 \exp((1-\eta)[\ln(p_{j,t}) - \ln(P_t)]) dj \\
&\simeq 1 + (1-\eta) \int_0^1 [\ln(p_{j,t}) - \ln(P_t)] dj \\
&\quad + \frac{(1-\eta)^2}{2} \int_0^1 [\ln(p_{j,t}) - \ln(P_t)]^2 dj
\end{aligned} \tag{7.42}
$$

つまり，(7.41)式より左辺 $= 1$ であることを用いると，

$$\int_0^1 [\ln(p_{j,t}) - \ln(P_t)] dj \simeq -\frac{1-\eta}{2} \int_0^1 [\ln(p_{j,t}) - \ln(P_t)]^2 dj \tag{7.43}$$

である．$\int_0^1 \left(\frac{p_{j,t}}{P_t}\right)^{-\eta} dj$ についても同じような計算をし，途中(7.43)式を用いると，

$$\int_0^1 \left(\frac{p_{j,t}}{P_t}\right)^{-\eta} dj \simeq 1 - \eta \int_0^1 [\ln(p_{j,t}) - \ln(P_t)] dj$$

$$+ \frac{\eta^2}{2} \int_0^1 [\ln(p_{j,t}) - \ln(P_t))]^2 dj \tag{7.44}$$

$$\simeq 1 + \frac{\eta}{2} \int_0^1 [\ln(p_{j,t}) - \ln(P_t))]^2 dj$$

となる.

ここで，(7.43)式の左辺の $\int_0^1 \ln(p_{j,t}) dj$ が $\ln(p_{j,t})$ の平均（期待値）であること（$E_j[\ln(p_{j,t})]$ と書く），$\int_0^1 \ln(P_t) dj = \ln(P_t)$ であること，右辺が二次の項だけであり一次の項まででではゼロであることから，一次近似では

$$E_j[\ln(p_{j,t})] \simeq \ln(P_t) \tag{7.45}$$

である[15]．この結果を用いると，(7.44)式の最後の行の積分は $\ln(p_{j,t})$ の分散の二次近似であることがわかる．したがって，$d_t = \ln\left(\int_0^1 \left(\frac{p_{j,t}}{P_t}\right)^{-\eta} dj\right)$ の一次近似がゼロであり，二次近似が

$$d_t \simeq \frac{\eta}{2} \mathrm{Var}_j[\ln(p_{j,t})] \tag{7.46}$$

つまり，価格分散が価格の自然対数のばらつきを表すことが示せた．

さらに，$\overline{P}_t = E_j[\ln(p_{j,t})]$ とおき，途中，当期において p_t^ρ に価格改定できる企業の割合が $1-\varrho$，前期の価格のままで据え置かれる企業の割合が ϱ であることを用いると，

$$\mathrm{Var}_j[\ln(p_{j,t})] = \int_0^1 [\ln(p_{j,t}) - \overline{P}_{t-1} - \overline{P}_t + \overline{P}_{t-1}]^2 dj$$

$$= \int_0^1 [\ln(p_{j,t}) - \overline{P}_{t-1}]^2 dj - [\overline{P}_t - \overline{P}_{t-1}]^2$$

$$= \varrho \int_0^1 [\ln(p_{j,t-1}) - \overline{P}_{t-1}]^2 dj$$

$$+ (1-\varrho) \int_0^1 [\ln(p_t^\rho) - \overline{P}_{t-1}]^2 dj - [\overline{P}_t - \overline{P}_{t-1}]^2 \tag{7.47}$$

$$= \varrho \, \mathrm{Var}_j[\ln(p_{j,t-1})]$$

$$+ (1-\varrho) \int_0^1 [\ln(p_t^\rho) - \overline{P}_{t-1}]^2 dj - (\overline{P}_t - \overline{P}_{t-1})^2$$

---

15) 平均（期待値）と分散については，次章の8.1.1項の最後に簡単な説明がある.

である. (5.72)式の一次近似 $\ln(P_t) = (1-\varrho)\ln(p_t^o) + \varrho\ln(P_{t-1})$, および $\overline{P}_t = \mathrm{E}_j[\ln(p_{j,t})] \simeq \ln(P_t)$ ((7.45)式)から得られる

$$\ln(p_t^o) - \overline{P}_{t-1} \simeq \left(\frac{1}{1-\varrho}\right)(\overline{P}_t - \overline{P}_{t-1}) \tag{7.48}$$

を代入すると,

$$\mathrm{Var}_j[\ln(p_{j,t})] \simeq \varrho\,\mathrm{Var}_j[\ln(p_{j,t-1})] + \left(\frac{\varrho}{1-\varrho}\right)(\overline{P}_t - \overline{P}_{t-1})^2 \tag{7.49}$$

であり, 再び $\ln(P_t) \simeq \overline{P}_t$ を用いると, $\overline{P}_t - \overline{P}_{t-1} \simeq \ln(P_t/P_{t-1}) = \pi_t$, つまり

$$\mathrm{Var}_j[\ln(p_{j,t})] \simeq \varrho\,\mathrm{Var}_j[\ln(p_{j,t-1})] + \left(\frac{\varrho}{1-\varrho}\right)\pi_t^2 \tag{7.50}$$

あるいは $d_t \simeq \dfrac{\eta}{2}\mathrm{Var}_j[\ln(p_{j,t})]$ を用いると,

$$d_t \simeq \varrho\,d_{t-1} + \frac{\eta}{2}\left(\frac{\varrho}{1-\rho}\right)\pi_t^2 \tag{7.51}$$

が得られる.

(7.34)式に現れる β で割り引いた $2d_t$ の総和は,

$$
\begin{aligned}
\sum_{i=0}^{\infty} 2\beta^i d_{t+i} &= \sum_{i=0}^{\infty} 2\varrho\beta^i d_{t-1+i} + \sum_{i=0}^{\infty} \eta\left(\frac{\varrho}{1-\varrho}\right)\beta^i \pi_{t+i}^2 \\
&= 2\varrho\,d_{t-1} + \varrho\beta\sum_{i=0}^{\infty} 2\beta^i d_{t+i} + \left(\frac{\eta\varrho}{1-\varrho}\right)\sum_{i=0}^{\infty}\beta^i \pi_{t+i}^2
\end{aligned}
\tag{7.52}
$$

すなわち,

$$\sum_{i=0}^{\infty} 2\beta^i d_{t+i} = \frac{\eta\varrho}{(1-\varrho)(1-\varrho\beta)}\sum_{i=0}^{\infty}\beta^i \pi_{t+i}^2 + \text{t.i.p.} \tag{7.53}$$

である.

◀ **7章の補遺** ▶

この章の議論は，Walsh［2017］（文献［10］）の8章およびGali［2015］（文献［3］）の4章と5章を参考にした．

一般に，最適化モデルの定式化の際，期待効用を最大化すると仮定することが多いが，対数線型化したモデルでは，外生ショックの分散が変化しても方策関数が変化しないので確実性等価（certainty equivalent）が成立している．したがって，対数線型化したモデルでは，将来についての不確実性の有無は解に影響しない．このため，本書では将来の項に関する期待値計算は省略した．

第8章 DSGE モデルのパラメータ推定

第8章

異時点間の最適化を織り込んだ動学的一般均衡モデルに誤差項を付加して，実証分析・予測を可能にしたモデルを DSGE モデル（Dynamic Stochastic General Equilibrium Model：動学的・確率的一般均衡モデル）という．誤差項には，現実データとモデルの理論値との差を埋める役割がある．前章まで各モデルのパラメータは"手置き"していたが，誤差項を含む DSGE モデルはデータを用いたパラメータ推定（データに合うようなパラメータ値を推測すること）が可能であることが知られている．例えば，5章で紹介したニューケインジアン・モデルには技術ショックと金融政策ショックという2個の誤差項が含まれるため，DSGE モデルとしてほぼそのまま実証分析に用いることができる．

DSGE モデルのパラメータは，多くの場合とりうる値の範囲が決まっている．例えば，ニューケインジアン・モデルの価格改定できない確率 ϱ は，$0 < \varrho < 1$ のいずれかの値でなければならない．このような事前の制約がある場合に，ベイズ推定という方法を用いると，事前の制約を事前情報という形で自然に織り込むことができる．ベイズ推定を含むベイズ統計学と呼ばれる一連の理論体系について，8.1節で紹介する．統計学には事前情報を用いない頻度論的統計学という理論体系もあり，それとベイズ統計学の違いについてもあわせて述べる．

知られている方法によりデータを用いて DSGE モデルのパラメータを推定するには，対数線型化したモデルを用意する必要がある．対数線型化したモデルの Blanchard and Kahn の方法などによる行列を用いた線型 VAR 表現は，8.3節で説明するように状態空間モデルと呼ばれる時系列モデルの遷移方程式とみなすことができる．状態空間モデルのパラメータは，マルコフ連鎖モンテカルロ法（MCMC 法，8.2節）とカルマン・フィルタという2つのアルゴリズムを組み合わせることで推定できる．

5章の補論ですでに対数線型化したニューケインジアン・モデルを用意してあるため，データを用いたニューケインジアン・モデルのパラメータの推定例を8.4節で紹介する．

8.1　ベイズ統計学入門

　まず，ベイズ統計学に関する基本的な事項について述べる．"入門"と銘打っているとはいえ，ベイズ統計学では理論的一貫性を重視することから，実際のベイズ推定の例は，全て本節で説明する基本原理の応用に過ぎない．

8.1.1　ベイズ統計学の枠組み

　ベイズ統計学とは，以下のような特徴を有する統計学の理論体系である．

1. ベイズ統計学でいう確率は，主観確率である．
2. 統計的推論に必ずベイズの定理を用いる．
3. 統計的推論に何らかの形で事前情報を用いる．
4. 値が未知のパラメータ（未知パラメータ）と未観測データを確率変数とみなす．
5. 観測されたデータは固定された値（非確率変数）とみなす．

ここでいう統計的推論とは，観測データから未知パラメータのもっともらしい値を推測することをいう．

確率の定義と主観確率

　まず，確率の定義について，主観確率よりも狭い概念である頻度論的確率から説明していく．一般に，確率とは物事の起こりやすさ，起こりにくさを数値化したものであり，事象 A が起こる確率 $P(A)$ は $[0,1]$ のいずれかの値として表される．確率が大きいほど起こりやすい事象だと我々は考える．頻度論的確率とは，事象 A が起こる確率 $P(A)$ を

$$P(A) = \frac{実際に A が起こった回数}{A が起こりうる回数} \tag{8.1}$$

と定義する．例えば，事象 A' をある地点で雨が観測された日数とする．去年1年間を観測期間とすると，その期間に事象 A' が起こった確率 $P(A')$ は，

$$P(A') = \frac{\text{雨が観測された日数}}{365}$$

で与えられる.

　では，明日雨が観測される確率（事象 A'' とする）についてはどのように考えたらよいだろうか. 期間を明日に限定すれば，頻度論的確率の定義からは分母の A'' が起こりうる回数は 1 以外にありえない. 分子は雨が観測されるか（＝1），雨が観測されないか（＝0）なので，$P(A'')$ は 1 か 0 かの値しかとり得ない. これに対して，ベイズ流の主観確率では，確率をもっと自由に考える. 例えば，明日の天気について自分がどう思うかを $[0,1]$ のいずれかの値で表すことが許される. したがって，天気予報から判断して明日雨が降る確率は 0.3 である，といった表現が許容される. なお，ベイズ流の主観確率は頻度論的確率も包含する概念であり，(8.1)式で定義されるような $P(A)$ も確率として取り扱う.

　確率の定義は他にもいくつかあり，後述のように例えば数学では，確率という概念をより抽象化して，全事象という集合の部分集合である事象 A を P という物差し（関数）で測った大きさとして定義する. ベイズ流の主観確率は確率の数学的定義とも矛盾しないと考えてよい.

条件付確率とベイズの定理

　ベイズの定理とは，条件付確率

$$P(B|A) = \frac{P(A \cap B)}{P(A)} \tag{8.2}$$

に関連する定理である. (8.2)式は条件付確率を定義する式であり，右辺分子の $P(A \cap B)$ は事象 A が起こりかつ事象 B が起こる確率と約束する[1]. それを事象 A が起こる確率 $P(A)$ で割ったものが左辺の条件付確率 $P(B|A)$ であり，事象 A が起こったという条件の下で事象 B が起こる確率をいう.

1）ベイズの定理は，18世紀の数学者であるトーマス・ベイズによって発見されたとされる.

　例えば，トランプ（ジョーカーを含まない）の山からカードを1枚引くというゲームを考えよう．事象 A と事象 B は，それぞれ以下のような集合の部分集合とする．

$$A \subset \{\clubsuit, \diamondsuit, \heartsuit, \spadesuit\}$$
$$B \subset \{1, 2, 3, 4, 5, 6, 7, 8, 9, 10, 11, 12, 13\}$$

この定義によると，例えば $P(\{\clubsuit\} \cap \{1\})$ はクラブのエースを引く確率であるから，1/52 である．ここで，$P(\{1\}|\{\clubsuit\})$ は，クラブを引いたという条件の下でそれがエースである確率であるから 1/13 である．(8.2)式を用いると

$$P(\{1\}|\{\clubsuit\}) = \frac{P(\{\clubsuit\} \cap \{1\})}{P(\{\clubsuit\})} = \frac{1/52}{1/4} = \frac{1}{13}$$

だから，確かに矛盾なく定義できている．
　条件付確率の定義(8.2)式の A と B を入れ替えると，

$$P(A\,|\,B) = \frac{P(A \cap B)}{P(B)} \tag{8.3}$$

であるが，$P(A \cap B) = P(B\,|\,A)P(A)$ を代入すると（これは(8.2)式の変形である）

$$P(A\,|\,B) = \frac{P(B\,|\,A)P(A)}{P(B)} \tag{8.4}$$

と表すことができ，この(8.4)式をベイズの定理という．これを統計的推論に用いるのがベイズ統計学である（具体例については8.1.3項参照）．

確率の数学的定義

　上記の 4. に確率変数という用語があるため，その説明に必要な確率の数学的定義を説明しておく．数学では，確率という概念をより抽象化して，全事象という集合に含まれる集合（つまり全事象の部分集合）である事象 E を確率測度 P という物差しで測った大きさとして定義する．全ての可能な結果のうち，それ以上分けることのできない基本的結果を根元事象といい，根元事象を

図8.1 全事象 Ω と根元事象 ω_i

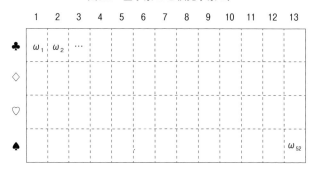

全て集めた集合が全事象である（つまり，根元事象は全事象の要素）[2].

　例として，再度，ジョーカーを含まないトランプの山から1枚のカードを引くという試行を考えてみよう．根元事象は，クラブの1に対して ω_1，クラブの2に対して ω_2 といった順に番号を割り当てていくことにする．全事象は，定義により $\Omega = \{\omega_1, \omega_2, ..., \omega_{52}\}$ と表される．クラブの1が出るという事象は $E_1 = \{\omega_1\}$ と表されるが，これは全事象の部分集合である．これを図示すると，図8.1のようになる．可能な限り分割した後のタイル1枚1枚の上の"点"が根元事象，それらを集めたタイル全体が全事象である．我々は，ある1回の試行において，根元事象のどれか1つが実現する（あるいは実現している）と考える．

　例えば，1のカードが出るという事象は $E_2 = \{\omega_1, \omega_{14}, \omega_{27}, \omega_{40}\}$ と表すことができ，クラブのカードが出るという事象は $E_3 = \{\omega_1, \omega_2, ..., \omega_{13}\}$ と表すことができる．これらはいずれも全事象（タイル全体）の部分集合である．それをタイルで表現したのが図8.2である．タイルの組み合わせが事象であることがわかる．

　このタイルの"大きさ"を確率測度 P で測ったものが確率である．トランプの山から1枚カードを引くという試行がフェアなゲームならば，タイル1枚1枚の大きさを確率測度 P で測ると全て同じ大きさで，$P(\Omega) = 1$ よりタイル

2）根元事象には ω，全事象には Ω という記号を当てることが多い．

図8.2　事象の例（2つ）

1

クラブのカードが
出るという事象(E_3)

1のカードが出る
という事象(E_2)

1枚1枚の大きさは1/52である．したがって，上記の事象の例では，

$$P(E_1) = 1/52$$
$$P(E_2) = 4/52 = 1/13$$
$$P(E_3) = 13/52 = 1/4$$

といった具合に，ごく当たり前の結果が得られる．この事例だとタイルをこれ以上区切っても意味がないが，それは根元事象に一般の性質である．例えば，クラブの1のタイルを2つに分割しても，どちらのタイルの上の根元事象が実現したのか区別がつかない．

　タイル1枚1枚の可能な組み合わせを全て集めたもの，すなわち Ω の部分集合の全体 $\mathcal{F}$ を事象の族という[3]．事象は全事象 Ω の部分集合だから，事象の族 $\mathcal{F}$ の要素である．$(\Omega, \mathcal{F}, P)$ の組を確率空間という．確率測度 P は関数であり，$P : \mathcal{F} \to [0,1]$ と書ける．

確率変数

　確率の数学的定義が説明できたところで，確率変数の定義について述べる．ある確率空間 $(\Omega, \mathcal{F}, P)$ が定義されていたとする．確率変数 X とは，Ω から $\mathbb{R}$ への関数をいう．すなわち，$X : \Omega \to \mathbb{R}$ である．よく用いられる関数の表記

　3）部分集合全体はべき集合とも呼ばれる．

法を使うと，確率測度 P は $P(E)$ と書けるのに対し，確率変数 X は $X(\omega)$ と書ける．以下に確率変数の例を1つ挙げておく．

【例】トランプを用いた賭けの賞金

一定の参加料を支払うことで，引いたトランプのカードに応じて賞金がもらえるという賭けを考える．賭けの内容は，ある一定金額 y を単位とし，引いたカードの数字を a とすると，そのカードがクラブならば ay，ダイヤならば $2ay$，ハートならば $3ay$，スペードならば $4ay$ の賞金がもらえるものとする．このとき，賞金は根元事象の関数となるから確率変数である．

ここでは，確率変数の説明にとどめ，上記の 4. と 5. の具体的な意味については8.1.3項で実例に即して説明する．

事前情報，事前分布

上記の 3. にある事前情報とは，統計的推論の対象となる未知パラメータについて我々が知っている情報をいう．事前情報は事前分布という形で確率を用いて表現する．事前分布は，我々が主観的に決めなければならない[4]．

例えば，ニューケインジアン・モデルの価格改定できない確率 ϱ をベイズ推定しようとする場合，ϱ は定義上確率を意味することから $0<\varrho<1$ のいずれかの値でなければならない，という事前情報を我々は用いる．さらに，事前情報は確率として表現しなければならないが，その際に必ず任意性が残る（$\varrho=0,1$ はどちらも不都合なので除外する）．ϱ は0に近い可能性が高いのか，1に近い可能性が高いのか，それとも0と1の間で満遍なく可能性があるのか，などである．他の推定例などの情報を参考にする場合も多々あるが，たとえそのようなものがなくとも，我々は自己の信念に基づき事前分布を決めなければならない．

この例では，推定しようとする未知パラメータについて事前の情報があったが，たとえ何ら情報がない場合でも，情報がないという形で事前情報を用い

4）事前分布を主観的に決めなければならないことは，ベイズ統計学でいう確率が主観確率でなければならないことの1つの理由である．

表8.1　主な一次元確率分布（$\Gamma(\cdot)$ はガンマ関数）

確率分布		確率変数 X の値域	確率密度関数 $p(x)$	平均	分散
正規分布	$\mathcal{N}(\mu, \sigma^2)$	$-\infty < X < \infty$	$\dfrac{1}{\sqrt{2\pi\sigma^2}} \exp\left(-\dfrac{(x-\mu)^2}{2\sigma^2}\right)$	μ	σ^2
ガンマ分布	$Ga(s, r)$	$X \geq 0$	$\dfrac{r^s}{\Gamma(s)} x^{s-1} \exp(-rx)$	$\dfrac{s}{r}$	$\dfrac{s}{r^2}$
ベータ分布	$Be(a, b)$	$0 \leq X \leq 1$	$\dfrac{\Gamma(a+b)}{\Gamma(a)\,\Gamma(b)} x^{a-1}(1-x)^{b-1}$	$\dfrac{a}{a+b}$	$\dfrac{ab}{(a+b)^2(a+b+1)}$
一様分布	$Unif(a,b)$	$a \leq X \leq b$ $a, b \in \mathbb{R}$	$\dfrac{1}{b-a}$	$\dfrac{b-a}{2}$	$\dfrac{(b-a)^2}{12}$

る.

確率変数と確率分布

　連続的な値をとる確率変数の，そのとりうる各々の値に対する起こりやすさ
は，確率密度関数により記述できる．$p(x)$ を確率変数 $X(\omega)$ の確率密度関数
とし，$X(\omega)$ がある実数 a, b に対して $a \leq X(\omega) \leq b$ という値をとるという事
象を $E_{a \leq X \leq b}$ とすると，

$$P(E_{a \leq X \leq b}) = \int_a^b p(x)dx \tag{8.5}$$

という関係がある[5]．この関係からわかるように，確率変数はより高い確率で
確率密度の "厚い" 区間の値をとる.

　全事象を $\mathbb{R}$，事象の族を $\mathbb{R}$ 上のボレル集合族 $\mathcal{B}$（おおざっぱに，実数線上
の全ての開集合，閉集合およびその和集合を全て集めたもの）としたとき，そ
の上で定義される確率測度を（一次元）確率分布という．確率分布 P_X は，実
数値をとる確率変数 $X(x) = x$ の値域と確率密度関数 $p(x)$ を与えることによ
り定義できる.

　5）これは確率変数が一次元の場合の例だが，確率変数が多次元の場合は多重積分にな
　　る.

図8.3 正規分布，ガンマ分布，ベータ分布，一様分布の確率密度

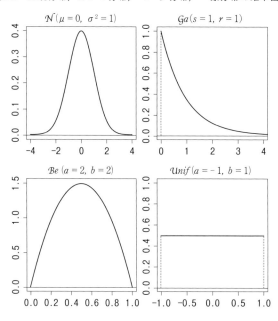

　ベイズ推定の際によく用いられる確率分布はいくつかあるが，確率変数のとりうる値が連続か離散かによって大まかに分類される．連続型の一次元確率分布の例として，正規分布，ガンマ分布，ベータ分布，一様分布などがある．それぞれの確率分布の定義域，および確率密度関数は表8.1のとおりである．例えば，$E = \{x \,|\, a \le x \le b\} \in \mathcal{B}$ に対して

$$P_X(E) = P(X \in E) = \int_a^b p(x)dx \qquad (8.6)$$

だが，このような連続型の確率分布の場合は等号付き不等号と等号なし不等号の区別の必要はない．このうち，正規分布，ガンマ分布，ベータ分布，一様分布の確率密度関数をグラフに描くと，図8.3のようになる．

　離散型の一次元確率分布の例として，ベルヌーイ分布，二項分布などがある．離散型の場合は確率測度 P_X が積分を用いずに書け，ベルヌーイ分布の場合は $0 \le \theta \le 1$ をパラメータとして

$$P_X(k) = P(X = k) = \theta^k(1-\theta)^{1-k}, \quad k \in \{0, 1\} \tag{8.7}$$

で，二項分布の場合は同じく $0 \le \theta \le 1$ をパラメータとして

$$P_X(k) = P(X = k) = \frac{n!}{k!(n-k)!}\theta^k(1-\theta)^{n-k}, \quad k \in \{0, 1, 2, ..., n\} \tag{8.8}$$

である（$n! = \prod_{i=1}^{n} i$）.

確率密度関数 $p(x)$ をもつ確率変数 X の平均（期待値）は，

$$\mathrm{E}[X] = \int_{-\infty}^{\infty} x p(x) dx \tag{8.9}$$

で定義され，分散は平均を $\mu\,(= \mathrm{E}[X])$ とすると

$$\mathrm{Var}[X] = \int_{-\infty}^{\infty} (x-\mu)^2 p(x) dx \tag{8.10}$$

で定義される[6]．分散は，確率分布のばらつきを示す数値であり，X の分散を σ^2 とすると，例えばチェビシェフの不等式より

$$P(|X-\mu| \ge k\sigma) \le \frac{1}{k^2}, \quad k > 1 \tag{8.11}$$

がいえる．

8.1.2　ベイズ推定の手順

ベイズの定理は確率だけでなく，確率密度関数についても成り立つ．$p(a, b)$ を確率変数 A, B の同時確率密度関数とすると，A が与えられたときの B の条件付確率密度関数 $p(b|a)$ は，

$$p(b|a) = \frac{p(a, b)}{p(a)} \tag{8.12}$$

で与えられる．ただし，$p(a)$ は A の周辺確率密度関数で，$p(a) = \int_{-\infty}^{\infty} p(a, b) db$ である．$p(a|b)$ についても同様に定義できる．この定義を用いると，確率密度関数についてのベイズの定理

6）この定義から明らかなように，E[·], Var[·] は（一般的な意味での）関数ではないことに注意．確率変数 X が全事象上の関数なので，関数の関数（汎関数）である．

$$p(a\,|\,b) = \frac{p(b\,|\,a)\,p(a)}{p(b)} \tag{8.13}$$

が得られる[7].

(8.13)式の a を未知パラメータ, b をデータをみなすと, 左辺の $p(a\,|\,b)$ は データが与えられた場合のパラメータの条件付確率密度関数と解釈できる. ベイズ推定は, この(8.13)式を用いて以下の順序で行う[8].

ベイズ推定の手順

1. パラメータが与えられた場合のデータの条件付分布（モデルともいう）を与える. (8.13)式の $p(b\,|\,a)$ の部分にあたるが, a をパラメータ θ, b をデータ y で置き換え $p_{y|\theta}(y\,|\,\theta)$ と表記する.

2. 事前分布 $p_{\theta}(\theta)$ を与える. (8.13)式の $p(a)$ の部分にあたる.

3. 観測データ y^{obs} を条件付分布 $p_{y|\theta}(y\,|\,\theta)$ の y に代入する. データの代入後は, $p_{y|\theta}(y\,|\,\theta)$ の部分は条件付分布ではなく尤度関数 $l(\theta; y^{\mathrm{obs}})$ となる.

4. ベイズの定理から, 事後分布 $p_{\theta|y}(\theta\,|\,y^{\mathrm{obs}})$ が

$$p_{\theta|y}(\theta\,|\,y^{\mathrm{obs}}) = \frac{l(\theta; y^{\mathrm{obs}})\,p_{\theta}(\theta)}{p_y(y^{\mathrm{obs}})} \tag{8.14}$$

と与えられる. 分母 $p_y(y^{\mathrm{obs}})$ は分子の θ による積分 $p_y(y^{\mathrm{obs}}) = \int l(\theta; y^{\mathrm{obs}})\,p_{\theta}(\theta)d\theta$ であって θ に依存しない定数（基準化定数の逆数）なので, 比例記号 $\propto$ を用いて

$$p_{\theta|y}(\theta\,|\,y^{\mathrm{obs}}) \propto l(\theta; y^{\mathrm{obs}})\,p_{\theta}(\theta) \tag{8.15}$$

と書いてもよい.

5. パラメータの事後分布 $p_{\theta|y}(\theta\,|\,y^{\mathrm{obs}})$ を何らかの形で評価する.

---

7) $p(a)$ と $p(b)$ はそれぞれ関数型が異なるので, 正確には $p_A(a)$, $p_B(b)$ と書くべきだが, 煩雑になるので下付き文字は適宜省略する. $p(a\,|\,b)$ と $p(b\,|\,a)$ についても同様である. その場合には, 引数の記号（関数の括弧の中の記号）が違えば違う関数であると解してほしい.

8) 紙幅の都合で(8.13)式を用いた推論のみを説明するが, 実際上は, 必要に応じて(8.4)式のバージョンのベイズの定理, あるいは両者を組み合わせて用いる.

事後分布には観測データから得られた未知パラメータのもっともらしい値に関する情報が含まれているが, 5. でそれを"取り出す"ということである. 具体的な評価の方法は複数ある. 例えば, θ が一次元であれば, 事後分布の平均は $\int_{-\infty}^{\infty} \theta p_{\theta|y}(\theta \mid y^{\mathrm{obs}}) d\theta$ の積分計算によって得られる. 多次元であれば, MCMC法 (8.2節) を用いることが多い. 分母 $p_y(y^{\mathrm{obs}})$ は周辺尤度といい, データ y^{obs} が得られる確率 (実際には確率密度関数の厚みを意味するので, 確率に比例する量) を意味することから, モデル比較 (8.1.4項) に用いる.

　以上より, ベイズ推定とは, モデルと事前分布とデータから得られた事後分布を評価することによって, 未知パラメータのもっともらしい値を推測する一連の手続きであることがわかる[9].

　事前分布および条件付分布 (モデル) には, 何らかの確率分布の確率密度関数を指定する. まず, 事前分布にどのような確率分布を使えばよいかについて, 多くの場合, 推定しようとする未知パラメータのとりうる値を手がかりとする. 未知パラメータ θ のとりうる値が $-\infty < \theta < \infty$ ならば正規分布, $0 \leq \theta < \infty$ ならばガンマ分布, $0 \leq \theta \leq 1$ ならばベータ分布を選ぶことが多い. $a \leq \theta \leq b$ で一様に分布しているとするならば, 一様分布を選ぶ. 実用的にも, このような事前分布を用いると事後分布の評価がしやすいことが多い. 未知パラメータが多次元である場合には, それぞれが独立の事前分布に従うとすることが多いが, もちろん相互間の相関や階層構造を考えてもよい[10]. DSGE モデルのパラメータは多くの場合とりうる値が決まっているため, それに応じて事前分布の確率分布を選べばよい.

　そのように確率分布を選んだ後で, 何らかの利用したい情報があればそれを事前分布のパラメータ (ハイパーパラメータと呼ばれることがある) に反映させることができる. 何ら情報がないという情報を反映させたいならば, 事前分布の分散 (ばらつき) を充分に大きくとればよい[11]. 正規分布, ガンマ分布, ベータ分布にはそれぞれパラメータが2つ存在するため, それらに事前情報を

---

　9) この場合, 事前分布は事前確率密度関数, 事後分布は事後確率密度関数というほうが
　　正確だが, 慣例的にそれぞれ事前分布, 事後分布と呼ばれることが多い.
　10) ここでいう独立とは, 大雑把にいうと, 互いに無関係であることをいう.

172

反映させる.

　ベイズの定理で条件付分布 $p_{y|\theta}(y|\theta)$ にあたる部分にも，同様に何らかの確率分布の確率密度関数を仮定することになる．どのような確率分布を想定するかは，どのようなモデルのパラメータを推定しようとしているかに応じて決まる．例えば次の8.1.3項の例では，ベルヌーイ分布を仮定する．DSGE モデルのパラメータをベイズ推定しようとする場合，多くはモデルとして多変量正規分布を仮定する（8.3節参照）.

　以下，数学的・技術的な話題が続くため，DSGE モデルのパラメータの推定例のみに関心のある読者は，8.3節に進んでいただきたい.

8.1.3 ベイズ推定の例：ベルヌーイ過程 ♠

　表になる（つまり裏にならない）確率をパラメータとして任意の一定の値に設定できる特殊なコインを用いてコイントスを行い，表になった回数と裏になった回数を記録していくことでパラメータの値をベイズ推定するという実験を考えよう[12]．毎回の試行をベルヌーイ試行といい，その繰り返しをベルヌーイ過程という．推論する人は，パラメータの値を知らないものとする.

　コイントスを行った回数を N 回とする．表が出たときには1，裏が出たときには0と結果を記録していくことにする．すると，データは0と1の列の集合 $\boldsymbol{k}=\{k_i\}_{i=1}^{N}, k_i\in\{0,1\}$ として得られる．推論する人にとっての未知パラメータである表になる（裏にならない）確率を θ とすると，尤度関数は，

$$f(\theta;\boldsymbol{k})=\prod_{i=1}^{N}\theta^{k_i}(1-\theta)^{1-k_i} \tag{8.16}$$

で与えられる．θ のとりうる値は $[0,1]$ なので，事前分布としてベータ分布 $\mathcal{B}e(a,b)$，すなわち

---

11) 情報がない場合の客観的な事前分布については，ジェフリーズの局所一様事前分布などいくつか提案されているが，決定的なものはない．ジェフリーズの局所一様事前分布は事前分布として improper な（つまり積分すると発散する）ため，周辺尤度の計算ができなくなるという不都合が生じる.

12) コインを折り曲げたりすれば，多少なりとも表になる（裏にならない）確率を変えられるだろう.

図8.4　未知パラメータ θ の分布（点線が事前分布，実線が事後分布，垂線が真の値）

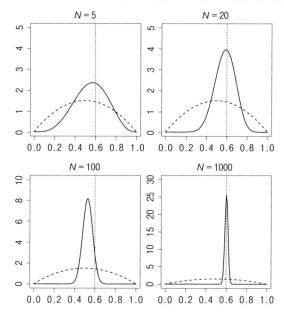

$$\pi(\theta) \propto \theta^{a-1}(1-\theta)^{b-1} \tag{8.17}$$

を仮定し，パラメータ a, b に事前情報を反映させる[13]．すぐ下の結果からわかるが，基準化定数はここでは無視してよいので，比例記号 $\propto$ を用いている．ここまでは，未知パラメータ，データとも確率変数として取り扱う．

　尤度関数と事前分布の掛け算が事後分布なので，事後分布は，

$$\pi(\theta \mid \boldsymbol{k}) \propto \theta^{K+a-1}(1-\theta)^{N-K+b-1}, \quad K = \sum_{i=1}^{N} k_i \tag{8.18}$$

で与えられる．これは，θ が $\mathcal{B}e(K+a, N-K+b)$ に従うことを意味するので，いったん観測データが得られれば（それは固定された値で非確率変数とみ

---

13) ベータ分布 $\mathcal{B}e(a, b)$ の平均は $\dfrac{a}{a+b}$，分散は $\dfrac{ab}{(a+b)^2(a+b+1)}$ である（表8.1参照）．

なす）、事後分布の平均や分散は簡単に求まる．

　乱数を使ってモンテカルロ法（8.2.1項参照）により N を変えてシミュレーションを行い，事前分布と事後分布の関係をみたのが図8.4である．未知パラメータ θ は確率 1 で $\theta = 0.6$ であるとして固定し，事前分布のパラメータ a, b は $a = 2$, $b = 2$ とおいた．図8.3の左下にあるように，これは0.5をモード（頂点）とする左右対称の分布である．$N = 5, 20, 100, 500$ と N を増加させていくと，N が小さいときには事後分布に広がりがあるが，N が大きくなるにつれて尤度の裾が狭まり，事後分布が固定した θ の値の周辺の狭い範囲に収束していくことがわかる．つまり，N が大きいほど高い精度で θ の値が言い当てられるようになる[14]．

　この例では，問題の設定自体がシンプルだったため，事後分布の平均や分散が簡単に求まったが，多くの場合には事後分布を解析的に評価することはできない．その際には，8.2節で説明する MCMC 法を用いる．

8.1.4　ベイズ統計学でのモデル比較 ♠♠

　周辺尤度 $p_y(y^{\mathrm{obs}})$ は，モデルからデータ y^{obs} が得られる確率に比例する量を意味するので，これの大小を比較することでモデル比較ができる．例えば，m 個のモデル $M_1, M_2, ..., M_m$ があるとし，モデル M_i のパラメータを θ_i と書く．(8.14)式を M_i を明示的に使って書き直すと，モデル M_i に対する θ_i の条件付事後分布は，

$$p(\theta_i \,|\, y, M_i) = \frac{p(y \,|\, \theta_i, M_i)\, p(\theta_i \,|\, M_i)}{p(y \,|\, M_i)} \tag{8.19}$$

と表される[15]．

---

14) この例では θ は定数で固定されているにもかかわらず，サンプルサイズ N が有限である限り，事後分布は必ずばらつきをもつ．もし，θ の値を1つ言い当てなければならないならば，何らかの損失関数を用いて評価する必要がある．損失関数については，例えば松原[2010]（文献[19]）を参照．

15) 条件付確率の定義から，

$$p(b \,|\, a, c) = \frac{p(a \,|\, b, c)\, p(b \,|\, c)}{p(a \,|\, c)} \tag{8.20}$$

は容易に証明できる．

次に，M_i を未知パラメータ，y をデータとしてベイズの定理を適用する．ベイズの公式 (8.13) 式の a に M_i を，b に y を代入すると，M_i の事後分布

$$p(M_i|y) = \frac{p(y|M_i)p(M_i)}{p(y)} \tag{8.21}$$

が得られる．ここで，$p(y|M_i)$ は (8.19) 式の分母で，モデル M_i の周辺尤度である．$p(M_i)$ は事前分布にあたる[16]．なお，分母 $p(y)$ は，

$$p(y) = \sum_{i=1}^{m} p(y|M_i)p(M_i) \tag{8.22}$$

で，定数とみなせる．

モデル i とモデル j のどちらがもっともらしいかは，$p(M_i|y)$ と $p(M_j|y)$ の比をとればよく，

$$\frac{p(M_i|y)}{p(M_j|y)} = \frac{p(y|M_i)p(M_i)}{p(y|M_j)p(M_j)} \tag{8.23}$$

でみればよい．脚注16のように事前分布を $p(M_i) = p(M_j) = 1/m$ とすると，

$$\frac{p(M_i|y)}{p(M_j|y)} = \frac{p(y|M_i)}{p(y|M_j)} \tag{8.24}$$

であって，周辺尤度の大小を比較すればよい．周辺尤度の比 $p(y|M_i)/p(y|M_j)$ はベイズファクタと呼ばれる[17]．$p(y|M_i)$ の具体的な計算方法については，例えば Koop［2003］（文献[4]）を参照されたい．

8.1.5　ベイズ統計学は頻度論的統計学とどう違うか ♠♠

本筋からやや外れるが，まとめとしてベイズ統計学の頻度論的統計学との違いを簡単に述べておく[18]．

理念として

---

16) 事前分布は $p(M_i) = 1/m$ とおくのが自然である場合が多い．これは，事前には全てのモデルが同じくらいもっともらしいと仮定することを意味する．

17) 周辺尤度（正確には，$-2\ln(p(y|M_i))$）の近似が BIC にあたる．

- 理論的一貫性を重視する．アドホックな手続きを認めない．例えば，一般化モーメント法（GMM）と最尤法のどちらで推定するか，AIC と BIC のどちらを用いるかといった問題も生じないし，推定量の小標本特性を良くするような微調整などもない．
- （ベイズの定理を用いない）検定や有意水準といった概念はない[19]．
- 確率は常に主観確率である．

理論として

- パラメータとデータの区別が曖昧である[20]．
- パラメータは確率分布として存在すると仮定する．パラメータに真の値があるとは考えない．一致性，不偏性といった概念もない．
- 得られたデータは確率変数とはみなさない．
- 漸近理論（大数の法則，中心極限定理）に依存しない．つまり，無限回の試行（頻度論的確率）を前提としない．
- 漸近的には最尤法と数値的に同等の結果が得られる．通常，大標本では事前分布が事後分布に影響を与えない．
- モデルを常にパラメトリックに指定する．ノンパラメトリックな推定はありえない．

実用面

- 最尤法に比べて推定できるモデルのクラスが広い．ただし，これは MCMC 法の柔軟性によるものであって，ベイズ統計学の本質に由来するものではない．
- 事前分布を用いて推定したいパラメータのとりうる値の範囲に制約をか

---

18) ここでいう頻度論的統計学とは，ネイマン・ピアソン流の仮説検定理論，R. A.フィッシャー流の最尤法，およびそれらを発展させた非ベイズの統計学・計量経済学をいう．

19) MCMC 法の収束判定にはネイマン・ピアソン流の仮説検定理論（例えば Geweke の収束判定統計量，8.2.4項）を用いることがあるので，それらの概念を完全に否定するわけではないようだ．もちろん，これはあくまで補助的な検定のレベルであり，手軽に計算できるという実用面での事情による．

20) そのため，例えば欠損値に対応しやすい．

けることができる.

- 事前分布が主観的であることをもって，ベイズ統計学を批判する向きもあるが，事前分布の分散を大きい値にとることで客観性を確保できる．また，ほとんどの場合，真のモデルを知ることができない以上，モデル選択については客観性を装いたくとも実際上不可能であり，事前分布だけが主観的であるわけではない．

8.2　マルコフ連鎖モンテカルロ（MCMC）法 ♠

マルコフ連鎖モンテカルロ（Markov Chain Monte Carlo：MCMC）法は，確率密度関数の平均や分散，中央値・パーセンタイルを求めるための1つの方法である．ベイズ推定する際の事後分布の評価に用いることができる．事後分布が正規分布やベータ分布といった知られた分布に従うならば，平均や分散は簡単に計算できるが，そうでない場合は MCMC 法を用いて，事後分布に従う擬似乱数の列を生成して平均や分散を計算する．

MCMC 法は，モンテカルロ法とマルコフ連鎖という2つのアルゴリズムを組み合わせた方法である．DSGE モデルのパラメータ推定の際にも，MCMC 法のうち M-H アルゴリズム（8.2.3項参照）と呼ばれる方法を用いる．

8.2.1　モンテカルロ法 ♠

モンテカルロ法とは，コンピュータにより生成される擬似乱数を用いる数値計算法の総称である[21]．まず一様乱数（一様分布に従う乱数）を生成し，それを加工することで，主要な確率分布に従う乱数を生成できる[22]．

数値計算ソフトウェアには，多くの場合，一様乱数を含む擬似乱数生成のアルゴリズムが組み込まれており，例えば統計・数値計算用のフリーソフトウェアである R はメルセンヌ・ツイスタと呼ばれるアルゴリズムで一様乱数を生成する．その一様乱数を用いて，例えば逆関数法やボックス・ミュラー法と

---

21) もちろん，擬似乱数に限らず物理乱数を用いてもよい．
22) 結論を先にいってしまうと，後述の M-H アルゴリズムを用いることで，理論上いかなる確率分布に従う乱数も生成できる．

呼ばれる方法で正規分布に従う乱数を生成できる．ガンマ分布，ベータ分布に従う乱数の生成法も知られているが，数値計算ソフトウェア自体にそれら主要な確率分布に従う乱数を返す関数が用意されていることも多い．

8.2.2 マルコフ連鎖 ♠

確率変数を時系列順に並べたものを確率過程という．例えば，8.1.3項の例のようにコイントスの結果を表が1，裏が0とし，i番目の結果をk_iと書くと（$k_i \in \{0, 1\}$），k_iを数列として並べた$\{k_1, k_2, ...\}$は1つの確率過程である．マルコフ連鎖とは，未来の状態が現在の状態だけで決定され，過去の経路と無関係である確率過程をいう．

【例】天気の過程

天気W_tを{晴, 雨}のいずれかのみで記録していくことにしよう．明日の天気は今日の天気だけから決まり，今日が晴れならば明日晴れの確率は0.9，雨の確率は0.1，今日雨ならば明日晴れの確率は0.5，雨の確率は0.5とする．このとき天気の列$\{W_1, W_2, ...\}$はマルコフ連鎖である．この過程は，

$$Q = \begin{bmatrix} 0.9 & 0.5 \\ 0.1 & 0.5 \end{bmatrix} \tag{8.25}$$

という行列で特徴づけられ（推移核という），$\pi_{晴} + \pi_{雨} = 1$という条件を用いて，

$$\begin{bmatrix} 0.9 & 0.5 \\ 0.1 & 0.5 \end{bmatrix}\begin{bmatrix} \pi_{晴} \\ \pi_{雨} \end{bmatrix} = \begin{bmatrix} \pi_{晴} \\ \pi_{雨} \end{bmatrix} \tag{8.26}$$

という方程式を解くことで，定常状態での晴れと雨の確率がそれぞれ$\pi_{晴} = 5/6$, $\pi_{雨} = 1/6$と求まる．

上記の例では，状態は離散変数だったが，次に状態が連続変数である場合のマルコフ連鎖の例を示す．

【例】AR(1)過程

ε_tを平均ゼロ，分散σ^2の正規分布に従うそれぞれ独立な確率変数とし，

図8.5　AR(1)過程のシミュレーション例

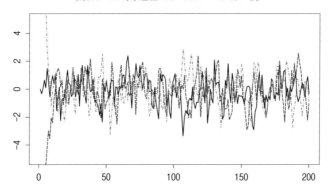

$-1 < \rho < 1$ とする．確率変数 a_t が $a_0 = \bar{a}$ として

$$a_{t+1} = \rho a_t + \varepsilon_{t+1} \tag{8.27}$$

という過程に従うものとしよう．このとき，どのような $a_0 = \bar{a}$ を初期値とし
ても，充分大きい T に対して $a_{t'}$, $t' \geq T$ は(8.27)式で表される AR(1) 過程の
定常分布

$$a_{t'} \sim \mathscr{N}\left(0, \frac{\sigma^2}{1-\rho^2}\right) \tag{8.28}$$

に従う[23]．この場合の推移核 $q(a_t, a_{t+1})$ は，正規分布 $\mathscr{N}(\rho a_t, \sigma^2)$ の確率密度関
数である．この例は，すぐ後に説明するように MCMC 法の基本原理と密接な
かかわりがある．

　図8.5は，パラメータを $\sigma^2 = 1$, $\rho = 0.5$ とし，初期値 $\bar{a}$ を0，-100，100の3
通りに設定して a_t の実現値を乱数を用いてシミュレーションしたものである．
初期値を定常分布の外れ値にしたとしても，この例では比較的早く定常分布

---

23)　(8.27)式の両辺の分散をとると

$$\mathrm{Var}[a_{t+1}] = \rho^2 \mathrm{Var}[a_t] + \sigma^2 \tag{8.29}$$

で，$\mathrm{Var}[a_{t'}] = \mathrm{Var}[a_t] = \mathrm{Var}[a_{t+1}]$ で置き換えると，$\mathrm{Var}[a_{t'}] = \dfrac{\sigma^2}{1-\rho^2}$ を得る．平均に
ついても同様に計算できる．

$\mathcal{N}(0, 4/3)$ に収束することがわかる.

8.2.3 メトロポリス・ヘイスティングス（M-H）アルゴリズム ♠

MCMC 法は，ある関心ある分布（ベイズ推定では事後分布）を定常分布とするようなマルコフ過程を作り，適当な初期値をおいて順繰りに乱数を用いて計算することで定常分布に収束させ，その関心ある分布を評価する（例えば平均，分散を計算する）方法である．いったん定常分布に収束させることができれば，その後は定常分布である関心ある分布（事後分布）から乱数をサンプリングしているものとみなせる．上記の AR(1) 過程の例では，MCMC 法を使わなくとも定常分布から直接サンプリング可能だが，ベイズ推定の場合，事後分布から直接乱数をサンプリングできることはまれである．その際に，MCMC法を用いて計算を行う．

MCMC 法は，いくつかのアルゴリズムの総称だが，そのうちの 1 つとしてメトロポリス・ヘイスティングス（Metropolis-Hastings：M-H）アルゴリズムが知られている[24]．これは，理論上どのような分布に従う乱数もサンプリングできる一般的な方法である．

M-H アルゴリズムでは，ある推移核 q を用いて以下のような手順で任意の確率密度関数 $f(\theta)$ から乱数を生成する[25]．

M-H アルゴリズム

初期化：$\theta^{(0)}$ を設定

繰り返し i $(i \geq 1)$：

  Step 1. $\tilde{\theta} \leftarrow q(\theta^{(i-1)}, \theta)$

  Step 2. 採択確率

$$\alpha(\theta^{(i-1)}, \tilde{\theta}) = \min \left\{ \frac{f(\tilde{\theta})q(\tilde{\theta}, \theta^{(i-1)})}{f(\theta^{(i-1)})q(\theta^{(i-1)}, \tilde{\theta})}, 1 \right\} \tag{8.30}$$

    を計算する.

---

24) ギブスサンプラーと呼ばれるアルゴリズムも MCMC 法の一種である．ギブスサンプラーは，M-H アルゴリズムと組み合わせることもできる.

25) q はあくまで Step 1.での推移核であって，M-H アルゴリズム全体としての推移核は別に存在する.

> Step 3. 確率 $\alpha(\theta^{(i-1)}, \tilde{\theta})$ で $\tilde{\theta}$ を採択して，$\theta^{(i)} = \tilde{\theta}$ とおく．
> それ以外は $\tilde{\theta}$ を棄却して，$\theta^{(i)} = \theta^{(i-1)}$ とおく．

$f(\theta)$ の基準化定数は未知でよい．

M-H アルゴリズムにおいて，$q(\phi, \theta) = q(\theta, \phi)$ が成り立つような推移核 q を用いると，上記の $\alpha(\theta^{(i-1)}, \tilde{\theta})$ が，

$$\alpha(\theta^{(i-1)}, \tilde{\theta}) = \min\left\{\frac{f(\tilde{\theta})}{f(\theta^{(i-1)})}, 1\right\} \tag{8.31}$$

と簡単になる．これを酔歩連鎖（random walk chain）という[26]．θ が一次元のときに限らず，多次元であっても M-H アルゴリズムを用いることができる（以下，そのときには太字で $\boldsymbol{\theta}$ と書く）．酔歩連鎖の採択確率は，0.2〜0.5が望ましいとされる[27]．

以下のような手順により，推移核 q にランダムウォーク（誤差項に平均ゼロの正規分布を仮定する）を用いた酔歩連鎖により，任意の確率密度関数 $f(\theta)$ から乱数を生成できる．

> **酔歩連鎖（θ が一次元のとき）**
> 初期化：$\theta^{(0)}$ を設定
> 繰り返し i（$i \geq 1$）：
> Step 1. $\tilde{\theta} \leftarrow \theta^{(i-1)} + \varepsilon,\ \varepsilon \sim \mathcal{N}(0, \sigma^2)$
> Step 2. 採択確率
> $$\alpha(\theta^{(i-1)}, \tilde{\theta}) = \min\left\{\frac{f(\tilde{\theta})}{f(\theta^{(i-1)})}, 1\right\} \tag{8.32}$$
> を計算する．
> Step 3. 確率 $\alpha(\theta^{(i-1)}, \tilde{\theta})$ で $\tilde{\theta}$ を採択して，$\theta^{(i)} = \tilde{\theta}$ とおく．
> それ以外は $\tilde{\theta}$ を棄却して，$\theta^{(i)} = \theta^{(i-1)}$ とおく．

---

26) 酔歩連鎖は，メトロポリス・アルゴリズムとも呼ばれる．こちらが先に発見され，それを一般化したのが M-H アルゴリズムである．

27) 例えば，Koop [2003]（文献[4]）の98頁を参照．

図8.6　酔歩連鎖による乱数生成

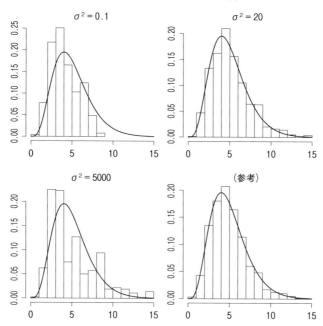

【例】酔歩連鎖による乱数生成（ガンマ分布）

　M-H アルゴリズムの適用例として，酔歩連鎖によりガンマ分布 $Ga(s = 5, r = 1)$ に従う乱数を生成してみよう[28]．ガンマ分布の確率密度関数の関数型については既知とする．酔歩連鎖のパラメータ σ^2 は，0.1, 20, 5,000 の3通りを仮定してサンプリングを行った．酔歩連鎖の繰り返し回数は各ケース1,200で，うち最初の200は定常状態に至っていないものとみなして捨てた．各ケースについて残った1,000サンプルを用いてヒストグラムを描いたのが図8.6である．一般的な方法（脚注28参照）でガンマ分布に従う乱数を生成した場合の結果もあわせて示した（図中における"参考"）．曲線が $Ga(s = 5, r = 1)$ の確率密度，棒グラフがヒストグラムである．

28）実用上は，酔歩連鎖を用いることなく任意のパラメータのガンマ分布に従う独立な乱数をより簡単に生成できるので，これはあくまでも説明のための例である．

酔歩連鎖のアルゴリズム Step 3. での採択確率は，各ケースそれぞれ0.944，0.492，0.045であった．図8.6からわかるように，酔歩連鎖の3ケースの中では $\sigma^2 = 20$ と設定した場合に最も満遍なく $Ga(s = 5, r = 1)$ から乱数が生成できている．σ^2 をどのような値にすべきか決める際には，目的とする分布 f の分散がひとつの手がかりになる．この例では，$Ga(s, r)$ の分散が s/r^2 であることから $\sigma^2 = 5$ が目安となる．σ^2 がそれより大幅に小さいときには採択確率が高くなりすぎ，逆にそれより大幅に大きいときには採択確率が低くなりすぎる．いずれの場合もサンプリングの効率が低下する．すなわち，サンプリング回数を非常に多くしないと，定常分布からサンプリングしたことにならない．

θ が多次元のときには，Step 1. で多変量正規分布 $MN(\mathbf{0}, \Sigma)$ から乱数を生成する．8.3.3項で説明するように，DSGE モデルのパラメータ推定にはこの酔歩連鎖を用いる．

8.2.4　MCMC 法の収束判定 ♠♠

MCMC 法を実行する場合，どの程度の繰り返し回数で定常分布へ収束するかは一概にはいえない．推移核次第では，定常分布への収束に多くの繰り返し回数を必要とする場合や，定常分布に収束しない場合もある．したがって，何らかの方法により，定常分布へ収束しているかどうかの収束判定を行う必要がある．

ひとつのやり方として，グラフに描くという方法がある．図8.5のように各チェイン（連鎖）の軌跡をプロットするか，あるいは図8.6のようにヒストグラムを描いて，サンプリングに偏りがないかを目で確認する．

もう少し客観的なやり方として，収束判定の統計量を計算するという方法がある．収束判定の統計量はいくつか提案されているが，そのうち比較的簡単に計算できるものとして，Geweke の収束判定統計量がある[29]．これは，頻度論的統計学の平均の差の検定の統計量であり，その帰無仮説は，チェインの最初

---

29) Geweke, J. [1992] "Evaluating the Accuracy of Sampling-Based Approaches to Calculating Posterior Moments," in *Bayesian Statistics*, Vol.4, edited by J. M. Bernardo, J. O. Berger, A. P. Dawid and A. F. M. Smith, pp.169-193, Oxford University Press.

の10%と最後の50%の平均 $\bar{\theta}^A$, $\bar{\theta}^B$ が等しいことである．ここで，帰無仮説の下では，

$$Z = \frac{\bar{\theta}^A - \bar{\theta}^B}{\sqrt{S_\theta^A(0)/N_A + S_\theta^B(0)/N_B}} \tag{8.33}$$

が平均ゼロ，分散1の正規分布に従う[30]．大雑把に，Z 値は絶対値2以下を目安とする[31]．このとき，Z 値の絶対値が2以下であればそのチェインの最初の10%と最後の50%の平均が等しいとみなし，定常分布へ収束していると判断する．

8.3　DSGE モデルのパラメータのベイズ推定

　状態空間モデルとは，観測されない潜在変数の過程を観測可能な観測変数（データ）から推測することを目的とする時系列分析のモデルをいい，観測方程式と遷移方程式という2つの方程式からなる．この章の冒頭で述べたように，対数線型化した DSGE モデル（$\hat{\boldsymbol{x}}_t$, $\hat{\boldsymbol{s}}_t$ をそれぞれジャンプ変数，状態変数の定常値からの乖離とする）の線型 VAR 表現に，元のモデルにある外生ショック $\boldsymbol{\eta}_t$ を加えた

$$\begin{bmatrix} \hat{\boldsymbol{x}}_{t+1} \\ \hat{\boldsymbol{s}}_{t+1} \end{bmatrix} = D \begin{bmatrix} \hat{\boldsymbol{x}}_t \\ \hat{\boldsymbol{s}}_t \end{bmatrix} + R\boldsymbol{\eta}_t \tag{8.34}$$

という方程式は，状態空間モデルの遷移方程式とみなすことができる（D と R は行列）．状態空間モデルのパラメータは，前節の MCMC 法と8.3.2項で説明するカルマン・フィルタの漸化式と呼ばれる公式を組み合わせることでベイズ推定できる．

---

30) x_t, $t = 1, 2, ..., N$ が独立同分布の場合，x_t の平均の分散の推定量は $\mathrm{Var}[x_t]/N$ で与えられる（$\mathrm{Var}[x_t]$ は x_t の標本分散）．MCMC 法によりある分布に従う乱数 x_t を生成したときには自己相関があるが（つまり x_t それぞれは独立ではない），その場合，x_t の平均の分散の推定量は $S_x(0)/N$ で与えられる．ただし，$S_x(0)$ は x_t の自己共分散関数のフーリエ変換（スペクトル密度）に 0 を代入したものであり，自己共分散の総和と等しい．

31) 正確には，有意水準次第で閾値となる値は変わる．

8.3.1 状態空間モデル ♠

状態空間モデルのうち最も基本となる線型ガウス型状態空間モデルは，$t = 1, 2, ...$ に対して

$$y_t = Z\alpha_t + \epsilon_t, \quad \epsilon_t \sim \mathcal{MN}_m(\mathbf{0}, H) \tag{8.35}$$

$$\alpha_{t+1} = D\alpha_t + R\eta_t, \quad \eta_t \sim \mathcal{MN}_n(\mathbf{0}, Q) \tag{8.36}$$

$$\alpha_1 \sim \mathcal{MN}_r(\mathbf{a}_1, P_1) \tag{8.37}$$

と表現することができる[32]。

(8.35)式は観測方程式で，観測変数 y_t は m 次元ベクトル，潜在変数 α_t は r 次元ベクトル，Z は (m, r) 型の行列である。観測変数 y_t はデータとして得られるが，潜在変数 α_t はそのような形では得られないものと考える。(8.36)式は遷移方程式で，D は (r, r) 型の行列，R は (r, n) 型の行列である。誤差項 ϵ_t, η_t と α_1 が多変量正規分布に従うことから，y_t, α_t の条件付分布は全て多変量正規分布に従う。

8.3.2 カルマン・フィルタ ♠

パラメータ $\vartheta = \{Z, H, D, R, Q, \mathbf{a}_1, P_1\}$ が既知の下で，データ $Y_T = \{y_i\}_{i=1}^T$ が得られる確率は，

$$
\begin{aligned}
p(Y_T) &= p(y_1, y_2, ..., y_T) \\
&= p(y_T | Y_{T-1}) p(y_{T-1} | Y_{T-2}) \cdots p(y_2 | y_1) p(y_1)
\end{aligned}
\tag{8.38}
$$

に比例する（全て ϑ の条件付であるが省略して書く）。この $p(Y_T)$ はベイズ推定の手順 (8.1.2項) における条件付分布 $p_{y|\theta}(y|\theta)$ の部分にあたる。$p(y_t | Y_{t-1})$ が上記の理由より多変量正規分布に従うことから，条件付期待値 $\mathrm{E}[y_t | Y_{t-1}]$，条件付分散 $\mathrm{Var}[y_t | Y_{t-1}]$ と実際のデータの値 $Y_T = Y_T^{\mathrm{obs}}$ が与えられれば尤度 $l(\vartheta; Y_T^{\mathrm{obs}})$ が計算できる[33]。すなわち，多変量正規分布のパラメータは平均と分散の2つだけなので，その両方がわかれば確率密度関数を再現で

---

32) ガウス型とは，正規分布の別名がガウス分布であることから，誤差項が全て正規分布に従うという意味である。

きる（脚注35参照）．これらは，カルマン・フィルタの漸化式と呼ばれる公式を用いて求められることが知られている．まず，$\boldsymbol{a}_t = \mathrm{E}[\boldsymbol{\alpha}_t|Y_{t-1}]$, $P_t = \mathrm{Var}[\boldsymbol{\alpha}_t|Y_{t-1}]$ と定義すると，

$$\boldsymbol{a}_{t+1} = \mathrm{E}[\boldsymbol{\alpha}_{t+1}|Y_t] = D\mathrm{E}[\boldsymbol{\alpha}_t|Y_t] \tag{8.39}$$

$$P_{t+1} = \mathrm{Var}[\boldsymbol{\alpha}_{t+1}|Y_t] = D\mathrm{Var}[\boldsymbol{\alpha}_t|Y_t]D^\top + RQR^\top \tag{8.40}$$

である．次に，

$$\boldsymbol{\nu}_t = \boldsymbol{y}_t - \mathrm{E}[\boldsymbol{y}_t|Y_{t-1}] = \boldsymbol{y}_t - Z\boldsymbol{a}_t \tag{8.41}$$

$$F_t = \mathrm{Var}[\boldsymbol{y}_t|Y_{t-1}] = \mathrm{Var}[\boldsymbol{\nu}_t|Y_{t-1}] \tag{8.42}$$

$$M_t = \mathrm{Cov}[\boldsymbol{\alpha}_t, \boldsymbol{\nu}_t|Y_{t-1}] \tag{8.43}$$

と定義すると（M_t は $\boldsymbol{\alpha}_t$ と $\boldsymbol{\nu}_t$ の条件付共分散である），

$$\begin{bmatrix} \boldsymbol{\alpha}_t \\ \boldsymbol{\nu}_t \end{bmatrix} \Big| Y_{t-1} \sim \mathcal{MN}_{r+m}\left(\begin{bmatrix} \boldsymbol{a}_t \\ \boldsymbol{0} \end{bmatrix}, \begin{bmatrix} P_t & M_t \\ M_t^\top & F_t \end{bmatrix} \right) \tag{8.44}$$

で，$\{\boldsymbol{\nu}_t, Y_{t-1}\}$ と Y_t は情報として同等であること，およびこの項の補論の多変量正規分布の条件付分布に関する定理より

$$\mathrm{E}[\boldsymbol{\alpha}_t|Y_t] = \mathrm{E}[\boldsymbol{\alpha}_t|\boldsymbol{\nu}_t, Y_{t-1}] = \boldsymbol{a}_t + M_t F_t^{-1}\boldsymbol{\nu}_t \tag{8.45}$$

$$\mathrm{Var}[\boldsymbol{\alpha}_t|Y_t] = \mathrm{Var}[\boldsymbol{\alpha}_t|\boldsymbol{\nu}_t, Y_{t-1}] = P_t - M_t F_t^{-1}M_t^\top \tag{8.46}$$

である．一方で，

$$
\begin{aligned}
M_t &= \mathrm{E}[(\boldsymbol{\alpha}_t - \boldsymbol{a}_t)\boldsymbol{\nu}_t^\top|Y_{t-1}] = \mathrm{E}[(\boldsymbol{\alpha}_t - \boldsymbol{a}_t)(\boldsymbol{y}_t - Z\boldsymbol{a}_t)^\top|Y_{t-1}] \\
&= \mathrm{E}[(\boldsymbol{\alpha}_t - \boldsymbol{a}_t)(Z\boldsymbol{\alpha}_t + \boldsymbol{\epsilon}_t - Z\boldsymbol{a}_t)^\top|Y_{t-1}] \\
&= E[(\boldsymbol{\alpha}_t - \boldsymbol{a}_t)(\boldsymbol{\alpha}_t - \boldsymbol{a}_t)^\top Z^\top|Y_{t-1}] = P_t Z^\top
\end{aligned}
\tag{8.47}
$$

$$
\begin{aligned}
F_t &= \mathrm{Var}[Z\boldsymbol{\alpha}_t + \boldsymbol{\epsilon}_t - Z\boldsymbol{a}_t|Y_{t-1}] = \mathrm{Var}[Z\boldsymbol{\alpha}_t + \boldsymbol{\epsilon}_t|Y_{t-1}] \\
&= ZP_t Z^\top + H
\end{aligned}
\tag{8.48}
$$

---

33) 条件付期待値とは，大雑把に，何らかの情報が与えられた場合の確率変数の平均を意味し，条件付分散・共分散も同様である．条件付期待値は付け焼刃の知識で議論できるほど易しくはないのだが（例えば Williams [1991]（文献[11]）参照），本書はあくまで統計学ではなくマクロ経済学を主題とすることから，細部には触れず重要な部分のみ説明する．

である．途中で $\boldsymbol{\alpha}_t$ と $\boldsymbol{\epsilon}_t$ が無相関であることを用いている．

結局，$\boldsymbol{a}_t$, P_t が，$t = 1, 2, \dots T$ に対して $\boldsymbol{a}_1$, P_1 から

$$\nu_t = \boldsymbol{y}_t - Z\boldsymbol{a}_t \tag{8.49}$$

$$F_t = ZP_tZ^\top + H \tag{8.50}$$

$$K_t = DP_tZ^\top F_t^{-1} \tag{8.51}$$

$$L_t = D - K_tZ \tag{8.52}$$

$$\boldsymbol{a}_{t+1} = D\boldsymbol{a}_t + K_t\nu_t \tag{8.53}$$

$$P_{t+1} = DP_tL_t^\top + RQR^\top \tag{8.54}$$

という漸化式で計算できる（P_t が対称行列であることに注意）[34]．この漸化式を用いると，$\mathrm{E}[\boldsymbol{y}_t|Y_{t-1}] = Z\boldsymbol{a}_t$, $\mathrm{Var}[\boldsymbol{y}_t|Y_{t-1}] = F_t = ZP_tZ^\top + H$ なので，(8.38)式の確率密度関数 $p(\boldsymbol{y}_t|Y_{t-1})$ のパラメータが得られる．したがって，いったん観測データとして $Y_T = Y_T^{\mathrm{obs}}$ が得られれば，この漸化式を使ってパラメータ $\boldsymbol{9}$ の関数として尤度 $l(\boldsymbol{9}; Y_T^{\mathrm{obs}})$ が計算できる．

補論：多変量正規分布の条件付分布に関する定理

k 次元ベクトル $\boldsymbol{y}$ が多変量正規分布 $\mathcal{MN}_k(\boldsymbol{\mu}, \Sigma)$ に従うとする．$\boldsymbol{y}, \boldsymbol{\mu}, \Sigma$ を

$$\boldsymbol{y} = \begin{bmatrix} \boldsymbol{y}_{(1)} \\ \boldsymbol{y}_{(2)} \end{bmatrix} \tag{8.55}$$

$$\boldsymbol{\mu} = \begin{bmatrix} \boldsymbol{\mu}_{(1)} \\ \boldsymbol{\mu}_{(2)} \end{bmatrix} \tag{8.56}$$

$$\Sigma = \begin{bmatrix} \Sigma_{(11)} & \Sigma_{(12)} \\ \Sigma_{(21)} & \Sigma_{(22)} \end{bmatrix} \tag{8.57}$$

と分割する．$\boldsymbol{y}_{(1)}$ は k_1 次元，$\boldsymbol{y}_{(2)}$ は k_2 次元とする（$k = k_1 + k_2$）．$\boldsymbol{\mu}, \Sigma$ についても同様である．このとき，$\boldsymbol{y}_{(2)} = \boldsymbol{y}'_{(2)}$ が与えられたときの $\boldsymbol{y}_{(1)}$ の条件付分布は，多変量正規分布 $\mathcal{MN}_{k_1}(\boldsymbol{\mu}_{(1|2)}, \Sigma_{(1|2)})$ に従う．ただし，

---

[34] カルマン・フィルタの初期化（(8.37)式参照）について，$\boldsymbol{a}_1$ はデータを用いて設定できる．ベイズ統計学の考え方からすれば，$\boldsymbol{\alpha}_1$ の確率分布を事前分布とみなしてそのパラメータ $\boldsymbol{a}_1$, P_1 の値を外生的に決めてしまってもよい．

$$\boldsymbol{\mu}_{(1|2)} = \boldsymbol{\mu}_{(1)} + \Sigma_{(12)}\Sigma_{(22)}^{-1}(\boldsymbol{y}'_{(2)} - \boldsymbol{\mu}_{(2)}) \tag{8.58}$$

$$\Sigma_{(1|2)} = \Sigma_{(11)} - \Sigma_{(12)}\Sigma_{(22)}^{-1}\Sigma_{(12)}^{\top} \tag{8.59}$$

である[35].

8.3.3 DSGE モデルのパラメータのベイズ推定の手順

前項までで，DSGE モデルのパラメータをベイズ推定するための方法が揃った．対数線型化した DSGE モデルの線型 VAR 表現を状態空間モデルの遷移方程式とみなすことはすでに述べた．ここで，観測データとして $Y_T = Y_T^{\text{obs}}$ が得られているとする．観測方程式について，モデル変数 $\boldsymbol{\alpha}_t = [\hat{\boldsymbol{x}}_t \ \hat{\boldsymbol{s}}_t]^{\top}$ との対応関係 Z は通常外生的に与える．その誤差項（観測誤差）については，全てを恒等的にゼロと仮定する場合と，一部または全部を非ゼロと仮定し，分散共分散行列 H の対角成分のみを未知パラメータ（非対角成分はゼロ）とする場合がある．一般に，H と (8.34) 式の D，R および誤差項の分散 Q は，推定しようとする未知パラメータ $\boldsymbol{\theta}$ の関数であることから明示的に $H(\boldsymbol{\theta})$，$D(\boldsymbol{\theta})$，$R(\boldsymbol{\theta})$，$Q(\boldsymbol{\theta})$ と書くことにする．8.2.3 項の酔歩連鎖において，(8.32) 式の採択確率の計算に含まれる $f(\boldsymbol{\theta})$ に，未知パラメータ $\boldsymbol{\theta}$ の事前分布 $p_\theta(\boldsymbol{\theta})$ と状態空間モデル

$$\begin{aligned}
\boldsymbol{y}_t &= Z\boldsymbol{\alpha}_t + \boldsymbol{\epsilon}_t, \quad \boldsymbol{\epsilon}_t \sim \mathcal{MN}_m(\boldsymbol{0}, H(\boldsymbol{\theta})), \\
\boldsymbol{\alpha}_{t+1} &= D(\boldsymbol{\theta})\boldsymbol{\alpha}_t + R(\boldsymbol{\theta})\boldsymbol{\eta}_t, \quad \boldsymbol{\eta}_t \sim \mathcal{MN}_n(\boldsymbol{0}, Q(\boldsymbol{\theta})), \\
\boldsymbol{\alpha}_1 &\sim \mathcal{MN}_r(\boldsymbol{a}_1, P_1)
\end{aligned} \tag{8.60}$$

の尤度 $l(\boldsymbol{\theta}; Y_T)$（カルマン・フィルタの漸化式を用いて計算する）との積 $l(\boldsymbol{\theta}; Y_T)p_\theta(\boldsymbol{\theta})$ を用いることで，パラメータ $\boldsymbol{\theta}$ の事後分布 $p_{\theta|y}(\boldsymbol{\theta}|Y_T) \propto l(\boldsymbol{\theta}; Y_T)p_\theta(\boldsymbol{\theta})$ に従う乱数を生成できる．

結局，以下の手順により未知パラメータ $\boldsymbol{\theta}$ の事後分布がシミュレートできる．

---

35) 多変量正規分布 $\mathcal{MN}(\boldsymbol{\mu}, \Sigma)$ の確率密度関数 $p(\boldsymbol{y}) \propto \exp\left(-\frac{1}{2}(\boldsymbol{y}-\boldsymbol{\mu})^{\top}\Sigma^{-1}(\boldsymbol{y}-\boldsymbol{\mu})\right)$ より証明できる．

DSGE モデルの未知パラメータのベイズ推定の手順

初期化：$\boldsymbol{\theta}^{(0)}$ を設定

繰り返し i $(i \geq 1)$：

Step 1. $\tilde{\boldsymbol{\theta}} \leftarrow \mathcal{MN}(\boldsymbol{\theta}^{(i-1)}, \Sigma)$

Step 2. Blanchard and Kahn の方法などにより $D(\tilde{\boldsymbol{\theta}})$, $R(\tilde{\boldsymbol{\theta}})$ を求める.

Step 3. カルマン・フィルタの漸化式により尤度 $l(\tilde{\boldsymbol{\theta}}; Y_T^{\text{obs}})$ を計算.

Step 4. 事前確率 $p_\theta(\tilde{\boldsymbol{\theta}})$ と採択確率 $p = \min\left[\dfrac{l(\tilde{\boldsymbol{\theta}}; Y_T^{\text{obs}}) p_\theta(\tilde{\boldsymbol{\theta}})}{l(\boldsymbol{\theta}^{(i-1)}; Y_T^{\text{obs}}) p_\theta(\boldsymbol{\theta}^{(i-1)})}, 1\right]$ を計算.

Step 5. 確率 p で $\tilde{\boldsymbol{\theta}}$ を採択して, $\boldsymbol{\theta}^{(i)} = \tilde{\boldsymbol{\theta}}$ とおく.
それ以外は $\tilde{\boldsymbol{\theta}}$ を棄却して, $\boldsymbol{\theta}^{(i)} = \boldsymbol{\theta}^{(i-1)}$ とおく.

上記については，いくつかの注意点がある.

- Step 1.の Σ は，事後分布のモード周りのヘッセ行列の逆行列を頼りに決めることが多い.

- 尤度は，実際には対数尤度を計算する.

- 固有値の条件などが満たされないという理由で $D(\tilde{\boldsymbol{\theta}})$, $R(\tilde{\boldsymbol{\theta}})$ が計算できない $\tilde{\boldsymbol{\theta}}$ に対しては，DSGE モデルのパラメータとしての必要条件が満たされていないので，尤度はゼロとする.

- 繰り返しの回数に特に決まりはない. 8.2.4項で説明したような収束判定方法を手がかりに，サンプリングが適切にできているかを判断する.

- チェインを複数用意し並列計算すると，計算の効率化や収束の判断に有用である.

- Blanchard and Kahn の方法では $R(\boldsymbol{\theta})$ が求まらない場合があるので，必要に応じて他のアルゴリズム（例えば Sims の方法）を用いる.

8.4 例：ニューケインジアン・モデルのパラメータのベイズ推定

それでは，5章の対数線型化したニューケインジアン・モデルと1980年～1999年までの日本のデータを用いて，モデルのパラメータを上記の手順によりベイズ推定してみよう．

8.4.1 モデル，データ，事前分布

モデル

対数線型化したニューケインジアン・モデルは，以下のような6本の方程式

$$\hat{x}_t = \hat{x}_{t+1} - (\hat{i}_t - \pi_{t+1} - \tilde{r}_t^n) \tag{8.61}$$

$$\pi_t = \beta\pi_{t+1} + \kappa\hat{x}_t \tag{8.62}$$

$$\hat{i}_t = \phi_\pi\pi_t + \phi_y\hat{x}_t + v_t \tag{8.63}$$

$$v_{t+1} = \rho_v v_t + z_{t+1} \tag{8.64}$$

$$\hat{a}_{t+1} = \rho_A\hat{a}_t + \varepsilon_{t+1} \tag{8.65}$$

$$\tilde{r}_t^n = (\rho_A - 1)\hat{a}_t \tag{8.66}$$

からなる[36]．ここで，(8.66)式は自然利子率 $\tilde{r}_t^n$ を(8.61)式に代入することで消去し，(8.62)式に7章で導入したコストプッシュ・ショック e_t を付加する．また，$\phi_\pi > 1$ となるように（7.1節の議論も参照），あらかじめパラメータ ϕ_π を $\tilde{\phi}_\pi = \phi_\pi - 1$ と変数変換しておく[37]．割引因子 β は推定すべきパラメータに含めず，$\beta = 0.99$ とおく．

したがって，以下のような5本の方程式

$$\hat{x}_t = \hat{x}_{t+1} - (\hat{i}_t - \pi_{t+1}) + (\rho_A - 1)\hat{a}_t \tag{8.67}$$

$$\pi_t = \beta\pi_{t+1} + \kappa\hat{x}_t + e_t \tag{8.68}$$

$$\hat{i}_t = (1 + \tilde{\phi}_\pi)\pi_t + \phi_y\hat{x}_t + v_t \tag{8.69}$$

$$v_{t+1} = \rho_v v_t + z_{t+1} \tag{8.70}$$

$$\hat{a}_{t+1} = \rho_A\hat{a}_t + \varepsilon_{t+1} \tag{8.71}$$

---

36) $\kappa = \dfrac{(1-\varrho)(1-\varrho\beta)(\gamma+1)}{\varrho}$ である．

37) 後述のように，$\tilde{\phi}_\pi$ の事前分布はガンマ分布にする．

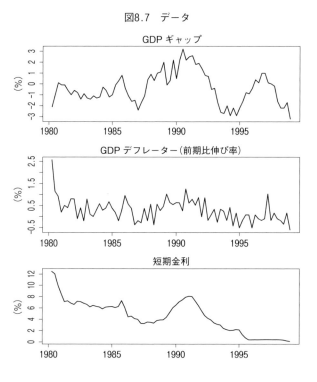

図8.7　データ

からなるニューケインジアン・モデルを推定する．ε_t, z_t, e_t はそれぞれ独立に平均ゼロ，標準偏差 σ_ε, σ_z, σ_e の正規分布に従うものとし，推定すべきパラメータを $\boldsymbol{\theta} = \{\gamma, \varrho, \tilde{\phi}_\pi, \phi_y, \rho_A, \rho_v, \sigma_\varepsilon, \sigma_z, \sigma_e\}$ と書く[38]．ここで，

$$\boldsymbol{\alpha}_t = \begin{bmatrix} \hat{x}_t \\ \pi_t \\ \hat{i}_t \\ v_t \\ \hat{a}_t \end{bmatrix}, \quad \boldsymbol{\eta}_t = \begin{bmatrix} \varepsilon_{t+1} \\ z_{t+1} \\ e_{t+1} \end{bmatrix} \tag{8.72}$$

と定義する．このモデルは，ある $\boldsymbol{\theta}$ が与えられると，例えば Sims の方法により，

38）標準偏差は分散の平方根をとったものである．

表8.2 パラメータの事前分布

パラメータ	確率分布の種類	平均	標準偏差	
γ	ガンマ分布	5.0	2.0	労働供給の弾力性の逆数
ϱ	ベータ分布	0.9	0.05	価格改定できない確率
$\bar{\phi}_\pi$	ガンマ分布	0.5	0.25	金融政策ルールの係数(インフレ率)
ϕ_y	ガンマ分布	0.5	0.25	金融政策ルールの係数(GDPギャップ)
ρ_A	ベータ分布	0.9	0.05	AR(1)項の係数(技術水準)
ρ_v	ベータ分布	0.7	0.1	AR(1)項の係数(金融政策ルールの誤差項)
σ_ε	逆ガンマ分布	5.0	1.0	技術ショックε_tの標準偏差
σ_z	逆ガンマ分布	2.0	1.0	金融政策ショックz_tの標準偏差
σ_e	逆ガンマ分布	1.0	0.5	コストプッシュ・ショックe_tの標準偏差

$$\boldsymbol{\alpha}_{t+1} = D(\boldsymbol{\theta})\boldsymbol{\alpha}_t + R(\boldsymbol{\theta})\boldsymbol{\eta}_t, \quad \boldsymbol{\eta}_t \sim \mathcal{MN}(\mathbf{0}, Q(\boldsymbol{\theta})) \tag{8.73}$$

と表現できる.

データ

　データとして，GDPギャップ(内閣府推計)，GDPデフレーター(季節調整値，前期比%)，短期金利(有担保コールレート)の3系列を用いる(図8.7)．それぞれx_t^{obs}, π_t^{obs}, i_t^{obs}の記号を当てる．いずれも四半期データで，期間は政策金利がゼロ金利になる前の1980年第2四半期〜1999年第1四半期，観測数は76である．

　観測方程式は，

$$x_t^{\text{obs}} - \overline{x}^{\text{obs}} = \hat{x}_t \tag{8.74}$$

$$\pi_t^{\text{obs}} - \overline{\pi}^{\text{obs}} = \pi_t \tag{8.75}$$

$$(i_t^{\text{obs}} - \overline{i}^{\text{obs}})/4 = \hat{i}_t \tag{8.76}$$

とする．ただし，$\overline{x}^{\text{obs}}$, $\overline{\pi}^{\text{obs}}$, $\overline{i}^{\text{obs}}$はそれぞれの系列の期間平均である．対数線型化した際，各変数の定義を定常値からの乖離にしたことに対応している．(8.76)式の1/4は，年利表示されている名目金利を四半期表示に変換するという意味である．このとき，(8.60)式におけるZは，

表8.3　パラメータの事後分布と Geweke の収束判定統計量

パラメータ	平均	標準偏差	Z_1	Z_2
γ	4.532	1.824	1.194	-0.008
ϱ	0.940	0.014	0.455	0.233
$\bar{\phi}_\pi$	0.101	0.052	1.228	1.408
ϕ_y	3.137	0.413	0.872	0.610
ρ_A	0.962	0.008	-0.301	-1.562
ρ_v	0.866	0.023	0.864	-0.305
σ_ε	4.975	0.887	-0.629	-1.573
σ_z	2.350	0.353	1.698	1.153
σ_e	0.494	0.040	0.833	-0.545

$$Z = \begin{bmatrix} 1 & 0 & 0 & 0 & 0 \\ 0 & 1 & 0 & 0 & 0 \\ 0 & 0 & 1 & 0 & 0 \end{bmatrix} \tag{8.77}$$

と書ける．観測誤差 $\boldsymbol{\epsilon}_t$ は恒等的にゼロとおいている．

事前分布

$\boldsymbol{\theta}$ の要素それぞれに対して，表8.2のように事前分布を設定した[39]．労働供給の弾力性の逆数 γ，金融政策ルールの係数 $\bar{\phi}_\pi, \phi_y$ は，とりうる値がゼロより大きくなるようガンマ分布を確率分布に選んだ．価格改定できない確率 ϱ は $0 < \varrho < 1$ のいずれかの値をとることから，ベータ分布を確率分布に選んだ．AR(1)項の係数は絶対値が 1 未満でなければならないが，マイナスの値はとりえないとして，同じくベータ分布を確率分布に選んだ．誤差項の標準偏差 $\sigma_\varepsilon, \sigma_z, \sigma_e$ は逆数がガンマ分布に従うと仮定した（これが逆ガンマ分布の定義である）[40]．

---

[39] 対数線型化した段階で，元の非線型のモデルにあった労働の不効用の相対ウエイト μ，需要の価格弾力性 η は識別不可能になる．

[40] 推定は Dynare（バージョン4.5.7）を用いて行った．Dynare は，数値計算ソフトウェアである MATLAB もしくは Octave 上で動く，DSGE モデルのシミュレーションやパラメータ推定のためのツールである．なお，上記においてモデルを例えば Blanchard and Kahn の方法で(8.73)式のように表現できると書いたが，Dynare は独自のアルゴリズムを用いてモデルの線型 VAR 表現を求める．

8.4.2 事後分布

　上記のようなセッティングの下で，8.3.3項の方法によりニューケインジアン・モデルのパラメータの事後分布を求めた．チェインの本数は2，サンプリング回数は各チェイン125,000で，うち最初の25,000は定常状態に至っていないものとみなして捨てた．したがって，200,000サンプルを用いて事後分布の平均と標準偏差を計算した．M-H アルゴリズムでの採択確率は，それぞれ0.353，0.349であった．

　事後分布の平均，標準偏差と Geweke の収束判定統計量（8.2.4項参照）を表8.3に示した．Z_1, Z_2 はそれぞれ1番目，2番目のチェインの Geweke の収束判定統計量である．いずれの値も絶対値が0から大きく乖離しておらず，両方のチェインとも収束していると判断できる．

　事前分布と事後分布の平均を比較すると，労働供給の弾力性の逆数 γ は事後平均のほうがやや小さい．これは，家計の労働供給が事前に予想したのと比べてより弾力的であることを意味する．価格改定できない確率 ϱ は事後平均のほうが大きく，事前に予想したよりも物価は非弾力的である．金融政策ルールについて，インフレ率の係数 $\tilde{\phi}_\pi$ は事後平均が下限の0に近いのに対し，GDP ギャップの係数 ϕ_y は事後平均が事前平均に比べてかなり大きい．中央銀行がインフレ率より GDP ギャップの変動をより重要視して政策金利を上下させていることがわかる．AR(1)項の係数の事後平均は，技術ショックに関する ρ_A は大きいが，金融政策ショックに関する ρ_v はそれよりやや小さい．これは，技術ショックの影響がより持続的であることを意味する．

◢◤ 8章の補遺 ◢◤

　DSGE モデルのパラメータのベイズ推定については，藤原一平・渡部敏明 [2011]「マクロ動学一般均衡モデル：サーベイと日本のマクロデータへの応用」『経済研究』62, 66-93頁.が参考になる.

　確率論，ベイズ統計学，状態空間モデルの参考文献は次の「さらに学びたい人のための指針」に挙げたので，そちらを参照されたい．

● さらに学びたい人のための指針

　本書で触れなかった応用的なトピック，具体的には硬直賃金モデル，小国開放経済モデルについては McCandless［2008］（文献［6］），失業を内生化したモデルについては Shimer［2010］（文献［8］），二国モデル，ゼロ金利制約については Walsh［2017］（文献［10］）を参照していただきたい．

　より現実的な DSGE モデルとして，米国連邦準備制度理事会（FRB）の EDO（Estimated, Dynamic, Optimization-based model）[1]，欧 州 中 央 銀 行（ECB）の NAWM II（New Area-Wide Model II）[2]，日 本 銀 行 の M-JEM（Medium-scale Japanese Economic Model）[3]，国際通貨基金（IMF）の GIMF（Global Integrated Monetary and Fiscal Model）[4] などがある．笛木・福永［2011］は各国中央銀行などで運用されている DSGE モデルのサーベイとしても優れている．

　6 章で紹介した動的計画法のより数学的に厳密な議論に関心のある読者は，Acemoglu［2009］（文献［1］），数値計算に関心のある読者は Miranda and Fackler［2002］（文献［7］）に進んでいただきたい．

---

1 ）Chung, H. T., M. T. Kiley and J. P. Laforte ［2010］ "Documentation of the Estimated, Dynamic, Optimization-based（EDO）Model of the U. S. Economy: 2010 Version," Federal Reserve Board, Finance and Economic Discussion Series, 2010-29.

2 ）Coenen, G., P. Karadi, S. Schmidt and A. Warne ［2018］ "The New Area-Wide Model II: An Extended Version of the ECB's Micro-Founded Model for Forecasting and Policy Analysis with a Financial Sector," ECB Working Paper Series, No.2200.

3 ）笛木琢治・福永一郎 ［2011］「Medium-scale Japanese Economic Model（M-JEM）：中規模動学的一般均衡モデルの開発状況と活用例」日本銀行ワーキングペーパーシリーズ，No.11-J-8.

4 ）Laxton, M. D., S. Mursula, M. Kumhof and D. Muir ［2010］ "The Global Integrated Monetary and Fiscal Model（GIMF）: Theoretical Structure," IMF Working Paper, No. 10/34.

　8章では，確率論，ベイズ統計学，状態空間モデルについて触れたが，ページの
都合で書き足りていない面が多々ある．確率論については松原[2003]（文献[18]），
Williams [1991]（文献[11]），ベイズ統計学については渡部[1999]（文献[21]），中
妻[2003]（文献[17]），Koop [2003]（文献[4]），松原[2010]（文献[19]），状態空間
モデルについては Durbin and Koopman [2012]（文献[2]）を参考文献として挙げて
おく．

● 参考文献

[1] Acemoglu, D. [2009] *Introduction to Modern Economic Growth*, Princeton University Press.

[2] Durbin, J. and S. J. Koopman [2012] *Time Series Analysis by State Space Methods*, 2nd edition, Oxford University Press.（邦訳：和合肇・松田安昌訳 [2004]『状態空間モデリングによる時系列分析入門』シーエーピー出版.）

[3] Galí, J. [2015] *Monetary Policy, Inflation, and the Business Cycle: An Introduction to the New Keynesian Framework and Its Applications*, 2nd edition, Princeton University Press.

[4] Koop, G. [2003] *Bayesian Econometrics*, Wiley.

[5] Ljungqvist, L. and T. J. Sargent [2018] *Recursive Macroeconomic Theory*, 4th edition, The MIT Press.

[6] McCandless, G. [2008] *The ABCs of RBCs: An Introduction to Dynamic Macroeconomic Models*, Harvard University Press.

[7] Miranda, M. J. and P. L. Fackler [2002] *Applied Computational Economics and Finance*, The MIT Press.

[8] Shimer, R. [2010] *Labor Markets and Business Cycles*, Princeton University Press.

[9] Varian, H. R. [1992] *Microeconomic Analysis*, 3rd edition, W. W. Norton & Company.

[10] Walsh, C. E. [2017] *Monetary Theory and Policy*, 4th edition, The MIT Press.

[11] Williams, D. [1991] *Probability with Martingales*, Cambridge University Press.（邦訳：赤堀次郎・原啓介・山田俊雄訳 [2004]『マルチンゲールによる確率論』培風館.）

[12] 加藤涼 [2007]『現代マクロ経済学講義：動学的一般均衡モデル入門』東洋経済新報社.

[13] 神谷和也・浦井憲［1996］『経済学のための数学入門』東京大学出版会.

[14] 斎藤正彦［1966］『線型代数入門』東京大学出版会.

[15] 杉浦光夫［1985］『解析入門』東京大学出版会.

[16] 高橋陽一郎［1988］『微分方程式入門』東京大学出版会.

[17] 中妻照雄［2003］『ファイナンスのための MCMC 法によるベイズ分析』三菱経済研究所.

[18] 松原望［2003］『入門確率過程』東京図書.

[19] 松原望［2010］『ベイズ統計学概説：フィッシャーからベイズへ』培風館.

[20] 森正武［2002］『数値解析』第 2 版，共立出版.

[21] 渡部洋［1999］『ベイズ統計学入門』福村出版.

● 索 引

● 著者紹介

蓮見 亮（はすみ・りょう）

2004年東京大学教養学部卒業，2009年慶應義塾大学大学院商学研究科後期博士
課程単位取得退学，博士（商学）．現在，武蔵大学経済学部教授，日本経済研
究センター特任研究員．

動学マクロ経済学へのいざない

● ――――2020年 3 月25日　第 1 版第 1 刷発行
　　　　　2024年11月30日　第 1 版第 3 刷発行
著　者――蓮見　亮
発行所――株式会社　日本評論社
　　　　　〒170-8474　東京都豊島区南大塚3-12-4　振替：00100-3-16
　　　　　電話：03-3987-8621（販売）　03-3987-8595（編集）
　　　　　https://www.nippyo.co.jp
印刷所――精文堂印刷株式会社
製本所――株式会社難波製本
装　幀――林　健造
検印省略　©HASUMI Ryo, 2020
Printed in Japan
ISBN 978-4-535-55949-3